人口問題と人類の課題

SDGsを超えて

楠本　修

時潮社

人口問題と人類の課題／目　次

はじめに

本書は、筆者が長年携わってきた人口と持続可能な開発分野の全体的な鳥瞰図を示すことを目的として執筆しました。現在、人口と持続可能な開発の各分野は専門分化が進み、それぞれの分野で熱心な研究や議論がなされている一方、全体的な視点が見失われているように思います。そして人口問題といわれた時のイメージも人口増加を抑制する問題なのか、少子化に対応する問題なのか、まったく逆の問題を扱っているという印象を持たれています。

筆者はこの問題に30年以上にわたって、人口と開発問題の当初の議論から現在までの議論を直接目撃し、関わってきました。その中で、時代の流れによる変化とともに実は問題そのものはまったく変わっていないのではないかという印象を持ち続けてきました。もちろんその当時には意識されなかった問題が重要になったり、現象として取り扱う内容は大きく変わっています。そして同時にその間の取り組みを通じて、課題の性質が明らかになり、当時では回答できなかった内容に回答できるようにもなっています。筆者自身もその活動の中で当事者として研究と政策に携わり、課題の論理的な解消に微力ながら貢献し、政策形成に携わってきました。

現在、2015年９月25日の国連総会で採択された『持続可能な開発のための2030アジェンダ』(Transforming our world: the 2030 Agenda for Sustainable Development）とその個別目標である持続可能な開発目標（Sustainable Development Goals: SDGs）が包括的な国際的な開発目標とされています。この目標は1992年の国連環境開発会議（UNCED）（通称：リオサミット）、1994年の国連国際人口開発会議（ICPD）（通称：カイロ会議）、1996年の世界食糧サミット（WFS）、1997年の世界環境開発サミット（WSSD）、2000

年のミレニアムサミットなどの成果を受けて生み出されたものです。

しかし、SDGsに挙げられている17の世界的目標、169の達成基準は、いくつかの異なる思想や原理で構成されており、論理的な整合性を持ったものとはいえません。SDGsが発表されたとき、何より驚いたのはそのさまざまな目標の論理的な整合性の形成を潔くあきらめ、それをリスト化し、目標として提示し、それぞれの分野で努力するべき内容を具体化したことでした。

実際上の問題として、さまざまな異なった原理で構成されているこれまでの議論を統一する枠組みの提出を待って対応することは現実的ではありません。そのような議論をしている間に対応が遅れ、問題はより深刻なものとなっていきます。その意味では、SDGsでその原理的な検討をすべて棚上げにしたことは画期的な発明であったと考えています。

しかし、そのような状態を長く続けることができないことも事実です。現在、SDGs形成からある程度の時間が経って、ここで問題提起したような原理的な不整合の存在も徐々に理解されつつあると思います。

筆者はその業務の中で、これまで持続可能な開発を実現に向けるために、一貫したビジョンを提示する努力を行ってきました。特に1994年にエジプトのカイロで開催された国際人口開発会議（ICPD）の前夜に、桜井新・人口と開発に関するアジア議員フォーラム（AFPPD）第２代議長が中心となって、国連人口基金（UNFPA）とともに世界115か国約300名の国会議員を集め開催した国際人口開発議員会議（ICPPD）を開催しました。この会議の運営委員会議長・会議事務総長の補佐として、人口問題を持続可能な開発の文脈に位置付けるということを目的として議員会議宣言文の草案の起草を担いました。この宣言文は政府間会議である国際人口開発会議の行動計画（ICPD PoA）の「前文」と「原則」に明確に反映されました。その後、1999年の国連総会決議文書（A/RES/S-21/2）のパラグラフ16に“行動計画で示された人口関連の目標や政策は、環境や貿易などの分野の国際協定に適宜反映させる必要がある”という一文を入れることができました。

なぜこのようなことができたかということの背景としては、人口と開発問題に関して第二次世界大戦後から日本が大きな役割を果たしてきたことが挙げられます。

人口問題は人の生命に関わり、各国の将来を左右します。そのような性質を持つ人口問題への取り組みには国民の代表である国会議員の役割が決定的に重要であるという認識の下で、1974年に岸信介、福田赳夫、加藤シヅエをはじめとする日本の国会議員有志により世界初の人口と開発問題に関する超党派議連として「国際人口問題議員懇談会（JPFP）」が設立され、その活動の中から1982年に「人口と開発に関するアジア議員フォーラム（AFPPD）」[1]をはじめとする世界のほとんどの地域と国の人口と開発に関する国会議員委員会が構築されたのです。JPFP設立の過程で、国連の人口専門機関である国連人口基金（UNFPA）の設立を支援するなど重要な役割を果たしました。

本書のテーマの一つである「持続可能な開発」という概念の設立にも日本は大きな貢献をしました。JPFPの働きかけで、日本政府代表部が動き1984年に国連に、「国連環境と開発に関する世界委員会（ブルントラント委員会）」が設立され、その世界委員会が1987年に発行した最終報告書“Our Common Future”（邦題『地球の未来を守るために』、通称「ブルントラント報告」）で「持続可能な開発」が中心的理念として提示されたのです。

ICPDやその5年後の国連総会での成果は、この分野で日本が主導的な役割を果たしてきたからこその成果です。筆者がその過程である役割を果たせたのだとしたら、それはその場にいることができたという幸運が大きかったと思います。

このようにさまざまな原則を統合するための努力を行ってきましたが、その後、地球規模的な課題に対する関心が共有されるに従い、人口と開発、環境、女性の権利、保健などさまざまな分野においてある意味での制度化が進み、それぞれの分野において研究も進みました。しかしそこでは論理的な整合性を形成する努力を行い、全体的な意味を示し、共通理解を醸成するという努力が行われたというよりは、研究の専門分化とともにそれぞれの主張をいかに通すかという運動になってしまったように思います。

学問的な研究としてそれぞれの分野において、研究や議論が積み重ねられ制度化が進みましたが、その一方で、持続可能な開発とは何かという問いや、何のための研究なのかという、本質的な素朴な問いは見失われがちだったように思います。学問の専門家や制度化は知見の深化という点ではよいことなのでしょうが、SDGsで無理やりにでも総合化されるまでは、それぞれに違った視点で議論が行われ、分断されてきたように思います。その結果として分野が違えば共通の議論ができないような状況になっていました。

筆者は幸運なことに大学院の時代に黒田俊夫・元厚生省人口問題研究所長・日本大学人口研究所長の謦咳に接する僥倖に恵まれました。黒田は、人口問題を人口学に固有の方法論や技術からではなく、その必要性から理解している稀有な人口学者であったと思います。黒田は、その人口問題に対する長年の貢献が評価され、1997年に国連人口賞を受賞するなど、世界的にも高く評価されました。

そしてその黒田の紹介で、筆者は公益財団法人アジア人口・開発協会（APDA）へ研究員として就職し、持続可能な開発と人口の研究ならびに政策形成に従事することができました。そこでは、人口問題を人類の生存の課題としてとらえ、その問題を解決するために“この有限な地球の中で一人ひとりの尊厳の守れる社会を構築するために、民主主義の担い手である国会議員が科学的知見に基づき、人口問題を解決する”という、非常に高い志を掲げ、活動を行っていました。筆者は研究員として、アジア全域にわたる、農業・農村開発、人口公衆衛生、労働などの分野の数多くの政府開発援助に従事するとともに人口と開発に関する各国の政策形成を支援しました。この間、自主研究として人口関係の現地調査を継続的に実施し、その研究成果を『アジアにおける人口転換』としてまとめることができました。この研究成果に対し明治学院大学より博士（国際学）が授与され、その論文の一部は明石書店より刊行されました。

同書で人口を社会学的な意味での「行為」の結果としてとらえなおすことで、あまり解明の進んでいなかった出生転換が、価値の変化の結果として生じるものであり、さらにその価値観の変化はさまざまな社会的変化が引き起こすものであることを明らかにし、人口転換の要素を可能な限り明示することができたと思います。

筆者が研究者として、そして事務局として従事してきた人口と持続可能な開発の議員活動は、現時点から見ても卓越した視点に基づいた、先見の明に富む、きわめて先駆的な活動であったといえます。この活動に32年にわたって従事し、ODAプログラム構築ばかりではなく、人口と持続可能な開発分野の国際的な政策構築に貢献できたことを誇りに思っています。

APDAの設立母体といえる国際人口問題議員懇談会（JPFP）が設立された約50年前、人口問題といえば、いかにして人口の急増を抑制するかということでした。これまでの関係者の努力の成果と、社会の変化の結果として、わずか50年で世界の人口状況は激変しました。今や日本の最大の人口問題は極端な少子化であり、高齢化となっています。このような世界の変化に伴って、人口問題に対する関心は薄れました。関心を持っている人も、前述したように、それぞれの関心に限定した活動に終始し、全体像が見失われ、科学的・学問的な議論というよりは価値観のぶつかり合いになっていったのです。

筆者の本来の専門は、宗教社会学や権威と社会構造、さらにその基盤としての認識論的な社会学の理論研究という社会学の中でも抽象度の高い分野でした。その意味では人口学で中心となっている統計学にそれほど関心があったわけではありません。しかし大学院で黒田と出会い、人口統計は社会の事象を示しているものであり、統計はその手段であることを学びました。そして、APDAで業務に従事するなかで、人口が生物としての人間から社会や文化、場合によっては恣意的な価値観までを反映させるものである以上、統計的な処理に終始しがちな従来主流であった人口学の方法だけでは、人口問題の意味を考え、そこで必要とされる対処を行うことは難しいのではないかと考えるに至ったのです。

本書ではこのような認識のもと、持続可能な開発を達成するうえで人口問題の持つ意味を示すことを目的としています。したがって、通常の人口学の書籍と異なり、統計技術的な議論はほとんどしていません。その焦点は統計の後ろにある社会現象やそれを規定する環境条件との関係に当たっています。

そして、私たちの社会は人間で構成されています。その意味では人口問題は私たちの社会の問題そのものです。この視点に立てば、人口問題は地球環境による制約から人間の価値観の問題までに関わります。これらの多層な問題を一貫して考えるために、その方法論として、要素をどんどん分解し、さらにそれを構成する要素に還元していく要素還元主義的な方法論ではなく、それぞれの層にはそれぞれの固有の構造があるという「層」の概念を持ち込み統一的な視点で示すことを試みています。この「層」の考え方については後から少し説明します。

これらの経緯から筆者は持続可能な開発を達成するためには人口問題を中心に置いた持続可能な開発の全体像を描くことが不可欠であると考えています。

その目的のために、本書では各論の詳細な議論は捨象しています。これは世界地図と似ています。世界地図の有用性を否定する人はいないでしょう。そこにすべてを書き込むことはできないのですが、適切に捨象された大まかさ故に意味があります。学問はどのような作業であっても情報の収集と捨象を繰り返します。精緻を極めたいと思っても縮尺のない、つまり適切な捨象のない地図は逆に意味をなさないのです。

本書のもとになった原稿は、上記の内容を主に国会議員に向けて周知するために、筆者が在籍していたAPDAが定期的に刊行していた『人口と開発』に「人口問題ってなーに」という題で掲載していたものです。前述した理由から、その内容が通常の人口学ではなく、さまざまな異論が生じうる記述もあることから、APDAやJPFPの意見とは無関係であることを明記して記名記事として掲載しました。この機会を賜ったAPDA（理事長：福田康夫・元内閣総理大臣）に心よりの感謝を表したいと思います。

本書の執筆にあたり、人口学の分野に関しては阿藤誠・国立社会保障人口問題研究所（IPSS）名誉所長から、環境の分野に関しては水文学の世界的な権威である内嶋善兵衛・元宮崎公立大学学長から丁寧なご指導をいただきました。さらに駒井洋・筑波大学名誉教授には博士論文の執筆から本書の執筆に至るまで懇切なご指導を賜りました。

また私の学位論文の主査である竹内啓・東京大学・明治学院大学名誉教授は、かつて『人口問題のアポリア』を著し、人口問題の持つ本質的な難しさを明示しました。竹内は同著の中で“人口問題を論ずるとき、その対象とする人口が単なる「人類」ではなく、一人ひとりかけがえのない存在であることを忘れてはならない。〈中略〉人間が主体的な存在であると同時に、また絶対的に自然と社会に規定されていること、そこに基本的な矛盾がある。これは人間にとって本来解決しえない矛盾である”[2]と人口問題の本質を指摘しています。これは社会学の難問である“研究者の存在非拘束性の中で社会を科学的に研究できるのか”という問題と同じものです。

この問題の原理的な回答は論理的にできないのですが、それを踏まえたうえで妥当性のある結論を出すよう試みました。本書の記述が竹内が提出したこの「アポリア（難問）」に対する実際的な回答になっていてほしいと願っています。

その他にも業務や研究を通じて多くの方々からご指導を頂きました。すべての文責が筆者にあることを確認したうえで、ここに長年のご指導に対し心よりの感謝を申し上げます。

人口は統計的に処理されると数字でしかないのですが、そこで表されている数字の一つひとつがかけがえのない一人ひとりの人生そのものなのです。この限られた地球環境の中で、私たちの活動が何を目的とすべきかを考え、SDGsの達成期限を超えて、私たちの進むべき道を考えるための一助となってほしいと念願しています。

1 持続可能な開発と人口

人口問題にはさまざまな側面があります。巷（ちまた）で取り上げられているさまざまな課題は人口問題と深い関係を持っています。しかし、多くの識者がそれぞれの課題をそれぞれの立場から論ずる結果、一見矛盾した議論となり、結局のところ人口問題って何？という疑問が出てきます。

同時に、人口が私たちの生活する社会そのものであることはあまり意識されません。2015年に国連で採択された「我々の世界を変革する：持続可能な開発のための2030アジェンダ」に“人間の尊厳が保たれる社会”という文言が入りました。この言葉は、私たちが1994年にエジプトのカイロで開催された国際人口開発会議（ICPD）に先駆けて、世界の115か国300名の国会議員を集め開催した、国際人口開発議員会議（ICPPD）宣言文に明記された人口と持続可能な開発の目標です。

現在世界的な開発目標となっている持続可能な開発目標（SDGs）はこの2030アジェンダの一部をなすものです。SDGsには17の目標、169の達成基準、232の指標など持続可能な開発を達成するために必要とされる個別具体的な目標が数多く掲載されています。これまで抽象的な議論であったものを具体化し、アラカルト方式でそれぞれの関心分野で取り組むべき目標を示したことが世界的に受け入れられた大きな理由であると思います。

その背景にはこの地球で人類はこれからも永続できるのか、という危機意識が共有され始めたことがあります。現状のシステムのままで、それぞれが目の前の利益を追求していくことを続けていくと皆が共倒れになってしまうという理解が共有され、その解決が必要だということが広く受け入れられたのだと思います。

したがって、SDGsには多くの目標や達成基準が挙げられていますが、実はそのすべては人間がこの限られた地球環境の中で、いかに人間らしく生きていくことができるか、つまり“人間の尊厳が守られる社会をいかに構築するか”に集約することができます。

環境破壊といわれますが、地球史的に見れば、後述するように全球凍結というように地球が氷で閉ざされた時期もあれば、現在よりも二酸化炭素(CO_2)濃度が高く海面上昇していた時期もあります。その意味では環境を守るといっても、人間にとって住みやすい環境を守る、ということなのです。

これまで中心的な価値観であった近代化は、金融資本主義に象徴されるようにそれぞれの分野での合理性が追求され、そこでのゲームの勝者が最も優秀と考えられ富を独占しています。そして、金融資本主義のゲームがそのまま社会的な成功とみなされています。しかし、その富は数字でしかありません。数字のゲームが実体経済よりもはるかに大きなものとなった“ひずみ”はさまざまな影響を与えています。

農業のように自然環境に依存し、その生産が確保されなければ生命そのものを維持できない分野であっても、貨幣換算された利益の追求が最優先され、環境負荷の問題や「食糧供給の強靭性」とでもいうべき気候変動の際の食糧供給力も捨象されてきました。その結果、食糧が人類という生物の命そのものを支えている特殊性を無視して、経済財としての側面が過度に強調されてきたと思います。

労働も同じで、現代社会で最も追求される労働効率という視点は、市場経済のシステムの中での利益の極大化と言い換えられるかもしれません。しかし、何のために労働効率を上げなければならないのかということを考えるときには、労働者の権利の保護は重要な課題となります。そして循環論になりますが、労働者の権利を守るためにも適切な利益は必要です。

しかし、このように現代の価値に基準となっている金銭的な成功は必ずしも持続可能な開発に結び付きません。そもそもおカネはある意味での信用や約束事でしかないので、それが食べられるわけではありません。しかしそれが物質と人間をつなぐメディア（媒介手段）となっていることから、それなしでは何も実現できなくなっています。その意味で、手段が目的となってしまっているのです。

この問題意識はマルクスを代表とする思想家の中にもあったのですが、当時の学問の限界から適切な代案を提出するには至りませんでした。その短絡的な理想主義は結果として多くの悲劇を生みました。そして現代においてもそこから派生した論説は批判としての意味は持っているかもしれませんが、各分野の研究の成果を取り入れた代案を示すには至っていないと考えます。

この問題が私たちにとって切実な課題となっている現在、これらの問題を考える際に、理想主義を振りかざすことは、結論の出ない価値の闘争を引き起こします。運動に関わっている人たちの自己満足にはつながるかもしれませんが、問題の解決に結びつかないという意味で弊害が大きく、それだけではどうにもならないということを踏まえて議論しなければならないのだと思います。

SDGsは持続可能な開発を達成するために必要な手段として、最初の踏むべき段階を“目標”として具体的に設定したものです。このSDGsに人口は入っていません。その理由は簡単で“人口、つまり人間が尊厳をもって生きることのできる社会を構築する”ことは全体の“目標”であって、そのための“手段”ではないからです。この地球に住む私たち人類を示す人口は、まさしくSDGsが目指す目標の中心にある主体なのです。したがって、持続可能な開発とは、人間の尊厳の守られる社会を構築するために、自然のシステムだけでなく社会システムを含め、これまで前提としていたさまざまな条件の検討を行い、社会システムの再構築を行うことだといえます。

このきっかけは前述の1994年国際人口開発会議（ICPD）にあったと思います。このICPDで人口問題の位置づけが変わりました。端的にいえば、それまでは人口増加の抑制が中心的な課題で、持続可能な開発を達成するためにその対処が必要な“手段”であったものが、“目的”に変貌しました。その目的こそ、“一人ひとりの生活の改善であり”、そのための手段として、“十分な情報を得たうえでの選択に基づいて、家族計画を含むリプロダクティブヘルスをすべての人が利用できるようになること”でした。ICPDでは明記されていませんが、まさしくその理念としては、議員会議の宣言文に記された“すべての人が尊厳をもって生きる社会を構築する”ということであり、人口問題への対処が持続可能な開発の“主体”となり、“目的”となったのです。

ICPDでこのようなパラダイム転換が起こった理由は実は簡単です。人口問題は出生と死亡を扱います。つまり人間の命そのものであり、その人生に決定的な影響を与える、子どもを持つ、持たない、何人持つ、どれくらいの間隔で持つ、ということを扱うのが人口問題です。このような人間の人生そのものに関わる決定に対して、政府であれ、国際機関であれ、“他人がいろいろいえないよね”という原理的な理解がそこで形成されたのです。

つまり手段としての人口問題であれば、誰かの利益のための人口プログラムであり、その誰かとは誰なのか、という深刻な疑問が出てきたのです。これまで人類史で当然のように行われてきた搾取の正当化ができないことはいうまでもありません。“誰のために”という問いを考えれば、論理的には誰かが誰かの犠牲になることを正当化することはできません。国の発展の違いも、人種の差もそのことを正当化できません。人類すべてが同じ価値を持つことを前提に考えるのであれば、論理的な帰結として、そのすべてが受益者にならなければならないし、自らの選択としてそれがなされなければならない、ということになります。

しかし、残念なことに、このICPDの本質的な意義は長年にわたって国際的にも忘れられ、人口問題はそれぞれの理想主義の中で、中絶論争を中心に女性の権利の問題や宗教対立の問題に変化してしまいました。

本書では、人口を持続可能な開発の主体として考え、人口問題を位置付けていきます。人口が社会そのものであるということは、人間が生物として生きている地球環境から、価値観の問題まで、一貫した視点で分析を行う必要性があるということだと思います。本書では可能な限り、人口問題と持続可能な開発を考えるための基本的な視点を提供する試みを行います。

2
人口問題で私たちが取り組む課題

ここで、人口分野において私たちが取り組むべき課題は何なのかを明らかにするために、一般的に人口問題として理解されている課題を挙げたいと思います。そのうえで、なぜ一見矛盾した議論が行われるのか、あまり詳細に入りすぎない形で考えていきます。

これらの課題については、もちろん学問的にも多様な見解があり、立場によって擁護すべき点や強調すべき点が異なっています。したがって、同じ人口問題といっても、論者によって主張が異なりますし、議論がかみ合わないまま議論されているという不思議な状態が起こってきます。その意味では、現時点ですべての人が納得する視点が共有されているわけではないと思います。

このような事情から、これからお話する内容はあくまで筆者の個人的な考えであるという限定をつけるべきかもしれません。それと同時に、人口問題をどのようにとらえるか、どのような対策が必要であると考えるかは、必然的に導かれるものであるというよりも、どのような時間の幅で問題をとらえるかということと、私たちが今後どのような社会を構築したいのか、といった将来の展望によって異なってくるものなのだと思います。

さらに扱う範囲がきわめて広いこと、またこれまでこのような分析があまり行われてこなかったことからも、誰もが納得できる結論になるとは限りません。ただ、あまりさまざまな立場や意見に配慮しすぎた議論では、結局、問題が明確にならないと考えます。

今、時代の変化の中で、人口問題とは何かを見極め、私たちが取り組むべき人口問題がどのようなものであるかを理解し、何をなすべきか考えることは、持続可能な開発を実現するためにも非常に重要なことです。実際に実施される対策として“どのような政策が適切か”ということは、事実や問題を正確に把握した後で、“どのようにしたいのか”という意志の問題になります。しかし、現在巷間にあふれる人口をめぐる議論の多くは、それぞれの理想を押し付ける価値の闘争になってしまっており、このような科学と政策を分離した議論ではないように思います。民主主義の社会で衆知を集めて、私たちの進むべき未来を考えるためには、一度さまざまな先入観や社会的通念、配慮をはずして科学的に論理的に議論することが必要だと思うのです。

2-1. 人口問題と私たちが直面する課題

まず、「人口問題をどのように考えるか」検討していきたいと思います。いま日本で人口問題といえば、少子高齢化、それに伴う若年労働力の不足、年金財政の破綻などが課題として取り上げられています。その一方で、国際的にはまだまだ人口は増え続けており、温暖化への影響を含め、人口増加が地球の持続可能性に与える大きな影響が問題となっています。このように、人口問題は通常、私たちが直面する問題に対応する形で話題になることが多いため、人口問題への対応とは、いったい人口は増やせばいいの？それとも減らせばいいの？という表面的には矛盾した素朴な疑問が湧いてきます。そして、そもそも人口問題とは何なのか混乱を招くことになります。

かつては、世界中で人口が増加していました。したがって、現在先進国が直面しているような人口減少や、それに伴う急激な年齢構造の変化などは考える必要はありませんでした。その意味では人口増加への対応だけを考えればよかったのですから、問題はわかりやすかったのかもしれません。

日本の人口分野における国際協力も、第二次世界大戦後、日本が非西欧として初めて多産・多死から少産・少子への過程である人口転換を成し遂げ、同時に敗戦の灰燼の中から奇跡といわれた経済成長を実現した経験を途上国に移転し、貧困の増大と環境の荒廃をもたらす人口増加を抑制するという目的から始まりました。

また当時はローマクラブの警鐘もあり、識者の間では、人口増加が地球に与える負荷が深刻な問題としてとらえられ、人口増加の抑制がその目標として掲げられていました。この人口増加が地球環境に与えるインパクトは昨今あまり関心に上らなくなってきましたが、いうまでもなく、当時より現在のほうがはるかに深刻な問題となっていることは確認しておくべきでしょう。

2-2. 矛盾する課題

人口の増加や地球環境が問題となる一方で、少子高齢化と年金財政、社会の活力といった問題があるように、今私たちが直面する人口問題は、一言でいえば「矛盾する課題」ということができるでしょう。この「矛盾する課題」としてどのようなものがあるでしょうか。ざっと思いつくままに挙げてみると、

①人口増加と少子化

②女性の地位向上と少子化

③安価な労働力と購買力

④地球環境の保全と消費人口・経済の活性化

などが考えられます。

①人口増加と少子化

人口増加への対策が人口抑制であるのに対して、少子化においてはより多くの子どもを持ってもらうための対策となり、一見まったく逆の対策が必要であると受け取られています。現在日本で、人口問題って何？という場合、最も混乱を引き起こしているのが、この人口問題への対策って、人口増加を抑制することなの？それとも少子化を防ぐことなの？という疑問ではないでしょうか。

コラム　日本から始まった人口と開発に関する国会議員活動

「スラム街　笑顔の児らに　罪もなく」。

これは佐藤隆・公益財団法人アジア人口・開発協会（APDA）設立者、人口と開発に関するアジア議員フォーラム（AFPPD）初代議長・元農水大臣が、岸信介・元内閣総理大臣、ウィリアム・ドレイパー将軍[3]、加藤シヅエ氏らとインド、タイ、フィリピンのスラムを中心とする人口事情を視察した際、帰途の飛行機の中で詠んだ句です。

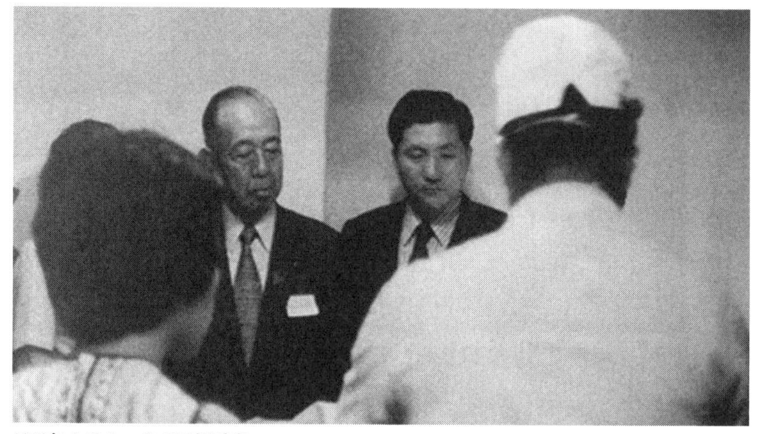

1973年カルカッタの不妊手術
カルカッタの工場における男性従業員への不妊手術を視察する、岸信介・元総理と佐藤隆AFPPD初代議長・元APDA理事長　写真：公益財団法人ジョイセフ提供

当時アジアでは、人口増加にともないスラムが急速に拡大し、まさしく路上で生まれ路上で死んでいく子どもたちが数多くいました。この分野における日本の議員活動の原点は、まさに「餓えて死ぬためだけに生まれてくる子どもがあってはならない」という温かいまなざしから始まっていたのです。

人口の急激な増加に対する対策をその目標として掲げてはいましたが、当初から、人口問題は決して強制できるものではなく、一人ひとりの福利の向上、健康の向上を目的とし、一人ひとりの理解の上に基づいて行われなければならないという確かな理念がありました。

日本が人口と開発分野の国会議員活動を世界で初めて創始したのも、「人口問題は決して強制できる問題ではない。政府や国連による取り組みだけでは不十分であり、国民の代表として選ばれた国会議員が関わるべき問題である」という強い信念に基づくものだったのです。1974年に世界最初の超党派の人口・開発議員グループとして国際人口問題議員懇談会（JPFP）が設立されて約50年。その間にJPFPメンバーから８名の総理大臣[4]を輩出しました。

②女性の地位向上と少子化

これに関連して、女性の地位向上と少子化もある意味で混乱を招く課題です。女性の地位が向上して社会進出が進むと、女性が結婚しなくなる、もしくは高齢で結婚するようになる結果として少子化が進むという議論があります。女性にしてみれば「余計なお世話だ」といいたくもなるでしょうし、女性はそれほど過酷な環境を強いられているのだと指摘する人もいるかもしれません。逆に北欧の例を基に、女性の社会進出の割合が高く、また女性の所得が高ければ少子化が改善するという議論もあります。

つまり多産を抑制するのに女性の地位向上が有効であるという事実とともに、先進国などでは、子どもを持ってもらうためには女性の地位向上が必要だという議論があり、これも一見矛盾した議論となっているのです。まったく異なる論点が存在するわけですが、女性の地位向上と少子化問題をどのように考えたらよいのでしょうか。筆者としては、ヨーロッパの代表的な歴史人口学者でもあるＥ.トッドの研究[5]を引くまでもなく、歴史的に家族形態が異なる北欧の事例を日本に単純に当てはめても、うまくいかないのではないかと考えています。これも後程詳しく見ていきたいと思います。

③安価な労働力と購買力

安価な労働力と購買力。これも矛盾する課題です。

経済誌などで、人口問題といえば「少子化によって潤沢な安い若年労働力がなくなった、このことが経済競争力低下の原因である」とするステレオタイプの記事をよく見かけます。事実、生産技術の進歩もあり、製品の品質管理が“経験”といった属人的なものやその職場で共有されている暗黙知に依存する部分が少なくなったこともあり、生産費格差を埋めるために安い労働力が潤沢に手に入る途上国への工場移転なども進みました。しかし実は、所得の低い労働者は生産者ではあっても、購買力のある消費者にはなれません。

日本の戦後の成長が、アメリカの日本に対する占領政策・その後の日本の復興政策のために政策的に設定した円安レートによって見かけ上の労働力コスト下がり、それが輸出を支えて達成されたことは事実です。しかし、ある時期からは、日本国内の労働者所得が増えたことで彼らの購買力が高まり、その結果として経済成長が達成されたのです。つまり、安価な労働力さえあればいいということにはならないのです。この点は、国際貿易をどのように考えるかという問題にも関わるので、後でもう少し詳細に考えていきたいと思います。

④地球環境の保全と消費人口・経済の活性化

消費人口が増えて経済が活性化されなければ、環境対策費用も出ないという議論です。当然人口が増え、経済活動が活発化すれば、通常であれば環境負荷は増大します。しかし経済的に不況の中で環境対策費用が出せないというのも現実です。その意味では一見もっともに見える議論ですが何か不思議議ですよね。

以上を簡単に整理すると、以下のようになると思います。

矛盾する課題

	現象	性質
①	人口増加と少子化	増加と減少　人口問題の相反する課題
②	女性の地位向上と少子化	社会的存在としての人間と生命としての人間の相反する課題
③	安価な労働力と購買力	経済の相反する課題
④	地球環境の保全と消費人口・経済の活性化	経済と環境の相反する課題

まずは一見矛盾する、これらの課題についてそれぞれ考えていきましょう。

3

人口問題とは何か
人口増加？ 人口減少？

これから、矛盾した課題としてとらえられることの多い人口問題を、それぞれのテーマにしたがって概観していきたいと思います。ここでのテーマは、人口問題とは、人口増加を抑制することなのか？それとも少子化を防ぐ、言葉を代えれば人口を増加させることなのか？という疑問について考えていきたいと思います。この一見まったく反対の人口問題は同じ対処法で対処すべき問題であると同時に、同じ現象の２つの側面といえるものです。この問題について詳細に考えていく前に、ちょっとだけ寄り道します。

3-1. 人口と数字

人口問題を扱うとき、数字が出てきます。これだけでジンマシンが出るという人もいるかもしれませんが、人を数で表すことは人口問題を取り扱う場合の基本的な方法といってよいでしょう。よく、世界人口が80億人を超えたとか、日本の人口は2100年には5,000万人を切るというニュースを耳にすると思います。

次頁の図を見れば人口増加とは、近代の現象であることが一目瞭然であると思います。[6]

世界人口の推移（推計値）

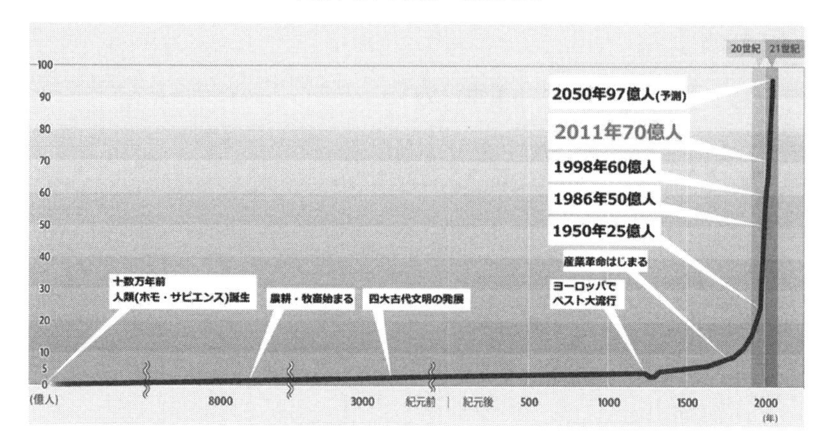

出所：国連人口基金駐日事務所HP

国連人口部の世界人口予測によれば、2020年の世界人口は約78億人、2025年に約82億人、2050年に約97億人、2100年には約109億人に達する見通しだといいます[7]。平均寿命は各国・地域で延び、2095〜2100年は香港が94.2歳でトップ、日本は93.5歳でマカオに次いで3位になると予測されています。80歳以上の人口は、2020年の約1億4,493万人から、2100年には約6倍の約8億6,201万人に増えると考えられます。また2100年には9か国で人口が2億人を超え、うち5か国をナイジェリア、コンゴ民主共和国、タンザニア、エチオピア、エジプトのアフリカ諸国が占め、ナイジェリアは約7億人で、インド、中国に次ぐ人口大国になると推計されています。

日本に関していえば、国立社会保障・人口問題研究所の「日本の将来推計人口（平成29年推計）」によれば、2015年の国勢調査による日本の総人口は1億2,709万人です。

出生中位推計に基づけば、この総人口は、2040年の1億1,092万人を経て、2053年には1億人を割って9,924万人となり、2065年には8,808万人になるものと推計されています。内閣府の推計では2100年には、約6,400万人から約4,600万人の範囲になると予測されています。

日本が高度成長を達成し、1970年の大阪の万国博覧会に向かっていた1967年に、日本の人口は1億人を超えました。1970年の世界人口は36億9,117万人、日本の人口が世界人口に占める割合は2.8%でした。それが2100年には0.45%しか占めなくなります。

ほら見たことか、“人口減少が国家を衰退させるのだ”という声が聞こえてきそうですね。しかし、もし人口100億の世界で日本が1970年と同じ人口比率を持とうとすれば、日本は2億8,000万人以上の人口が必要になります。そんなことが可能でしょうか。これらについての議論は、あとで少し詳細に行いたいと思います。

ここでは人口が数字で表されるということをあらためて確認しましょう。この数字とは一体何でしょうか？　なんとも漠然とした質問ですが、あらためて考えてみましょう。

よく戦争でxx万人死亡したなどという記事が新聞に載ります。そのとき私たちは「フーンxx万人か、大変だな」という感想で終わってしまう場合が多くあります。数字は冷静に事実を伝えますが、数字に還元されてしまい、なぜその数字が出てきたのかについての想像力が奪われてしまうことがあります。

人口は基本的に出生と死亡で成り立っています。特に増加とか減少とかいう場合、地球規模で考えれば出生と死亡しかありません。おふざけが過ぎるかもしれませんが、そうでない場合というのは、「宇宙人が拉致した」などしかありえないのです。つまり普通に考えれば、地球の人口規模（大きさ）を考える場合には「出生」と「死亡」だけを考えればよいということになります。

今の私たちの世界を考えてみましょう。これからの議論は、国連が行った2015年から2020年の予測の平均値に基づいて行います。国連の推計によれば、この期間に世界では毎年1億4,026万人が生まれ、そして、6,992万人が亡くなっています。その差である7,034万人が現在の世界人口の増加となります。

“フーン、7,034万人の増加か、大変な数だな”と思っていただければ、また数字にリアリティがある方だと思います。この人口はロシアを除くヨーロッパで最も人口の多いドイツの人口8,378万人（2020年）フランスの人口6,527万人（2020年）の中間ぐらいの数字です。つまり２年ごとに世界にドイツとフランスの人口規模に相当する人口が増えているのです。

少しは数にリアリティが出てきたでしょうか？　さらに想像力を膨らませてみましょう。世界で毎年１億4,026万人が生まれているということは、毎日世界のどこかで38万4,262人が生まれているということであり、１時間毎に１万6,011人、１分ごとに267人が生まれているのです。オギャーという赤ん坊の泣き声が聞こえてきませんか？　これは毎年世界で約２億8,000万の人が新たに親になったか、２番目、３番目かはわかりませんが、その子の親となっていることを意味します。そしてその数倍の親戚や親兄弟がミルクだ、オムツだと大騒ぎしているのです。もちろん新しい命を授かって喜んでいる人がほとんどだとは思いますが、中には現実を受け入れられない人や、悲嘆にくれている人、呆然としている人もいるかもしれません。

いずれにしても世界中で十数億の人々が毎年大騒ぎしているわけです。これは相当に大きな数ではないでしょうか。そして死亡も同じです。計算はしませんが、その数倍の人が身近な人の死により悲嘆にくれています。まさしく出生と死亡をめぐって悲喜こもごものドラマが世界中で日々繰り広げられているのです。

このように人口問題が表す数字は非常に重大な意味を持つものです。出生は新たな命が生まれたことを意味し、死亡は一つの命がついえたことを意味します。人口統計の中で一つの数字の変化は、一人の人生そのものを示しています。

また平均余命が延びたということは、乳幼児の死亡率が低下したこと、全体的な健康状態が改善されたことなど、一人ひとりを取り巻く衛生や栄養の状態が改善したこと、高齢者に対する医療の進歩を意味します。私自身の個人的な経験ですが、数字の意味がわかったとき、その数字の背景にある人々の生活がリアリティをもって迫ってきました。そして数字が単なる数字ではなくなりました。

3-2. 人口の増加と減少

これから本題です。現在私たちが直面している人口増加と減少は、いずれも人口転換に伴って起こったものといえます。もちろん「出アフリカ」といわれる、現生人類がアフリカから出てわずかな時間に世界中に広がった[8]ことを考えれば、人口は基本的に増加してきたといえるかもしれません。ホモ・サピエンスとしての現生人類だけでも何度かアフリカから出てきたようですが、現在の世界に住む私たちの直接の祖先となる人々は2回に分かれて出てきたようです。

かつてはナイル川を北上し、イスラエルのあたりを通って拡散していったと考えられてきましたが、現在ではそのルートは主要なものではないと考えられているようです。彼らには現在のエチオピアからジブチのあたりを経由して紅海を横断し、アラビア半島に渡り、そしてペルシャ湾、インドと沿岸に広がり、その後東南アジア経由でオーストラリアまで渡ったグループと、同じように紅海に出てアラビア半島を海岸沿いに北上し、ユーラシアに広がり、さらにヨーロッパと北東アジアに広がったグループがあったようです。このルートは、今では現実味がないように感じますが、氷河期において海水準が低かった当時、海沿いには豊富な食糧があり、さらに砂漠のアラビア半島にあっても豊富な自然湧水に恵まれていたようです。

次の図は人類のアフリカからの拡散をわかりやすく示したもので、数字は1,000年単位になっています[9]。

人数の移動（数字は1000年）

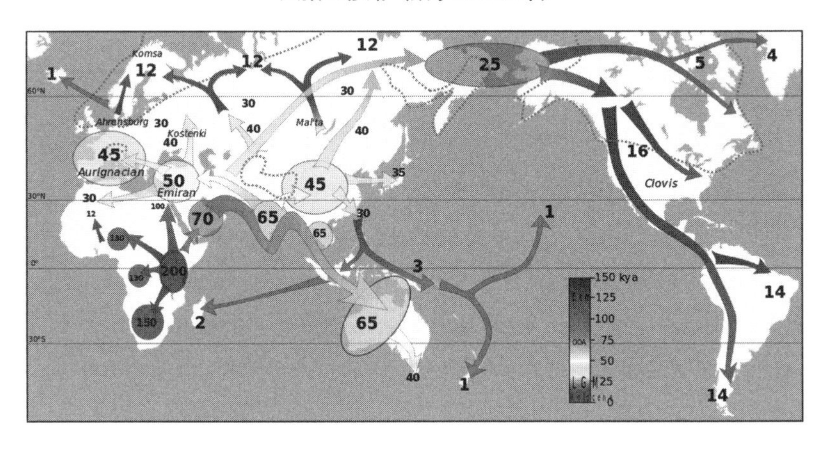

出所：https://commons.wikimedia.org/wiki/File:Early_migrations_mercator.svg

いずれにしても遺伝子を遡っていくと、このアフリカからユーラシアに出て行き、現在80億人ほどにもなった人口の祖先となった人たちは150名程度ではなかったかと考えられています。現実的には何度も出ているでしょうし、もっと多くの人が出て行っていると思いますが、その多くの血統は途絶えてしまっているのでしょう。いずれにしても現在の遺伝情報から遡って150名程度であるとすれば、これは大変な人口増加ですが、実はこれほどの人口増加であっても、この期間における人口増加率はたいしたものではありませんでした。

西暦元年頃の世界人口は２億人ぐらいと想定されていますが、出アフリカは10万年前から６万年前に起こったものであり、その間の人口増加率は限りなくゼロに近いものです。仮に７万年でアフリカ以外の地域の人口が約１億5,000万人にまで増加したと考えた場合の年平均増加率は、わずかに0.02%でしかありません。

それでも人類の拡大で、多くの生物がその食糧となって絶滅していることがわかっています。天敵がいなくて飛ぶことを放棄した鳥類などは、その餌食となったようです。有史に入ってからでも、モーリシャス諸島に生息していたハトの仲間のドードー鳥が船員の食糧となってあっという間に絶滅しました。この鳥は、『不思議の国のアリス』に登場することで有名ですよね。

もちろんこの期間、平均してこの増加率であったというよりは、それぞれの時代の生産手段で確保可能な地域の生態系の扶養力を、増加した人口が超えたとき、その人口圧力に対処するために人口移動が起こったのでしょう。また天災や自然環境の変化などで何度も絶滅の危機に瀕したのではないでしょうか。

人類の歴史は、自然史的に考えると人口増加の潜在的な圧力に突き動かされてきた歴史であるといえますが、それでもその人口増加のほとんどは高い死亡率で相殺されてきたといえます。いずれにしても、現在の人口問題が扱う数％という大きな変化ではなかったのです。言葉を換えれば、人類がこの世界に広がっていったという猛烈な変化の数十倍から数百倍の変化を、私たちは経験していることになります。

現在、私たちが取り組んでいる人口問題は、近代になって生産力が増したこと、環境を変える術を得たこと、そして科学技術の進歩が公衆衛生をはじめとする医学を進歩させたことで生じた課題だといえます。非常に大まかにいえば、死亡率の低下がそれまで相殺されてきた人口の生き残りを可能にし、急速な人口増加をつくり出したのです。そしてこの人口増加の中で、どのように努力したとしても私たちの地球環境を維持することはできません。現在の人口問題は、近代化によって発生したこの多産多死から少産少死への移行の過程、つまり人口転換の結果として起こっていると考えることができます。

人口問題をどうとらえるかを考えるためには、人口転換を把握する必要があります。これから人口転換についてできるだけ簡単に解説します。

①人口増加と少子化

人口増加への対策が人口抑制であるのに対して、少子化においてはより多くの子どもを持ってもらうための対策となり、一見まったく逆の対策が必要であると受け取られています。現在日本で、人口問題って何？という場合、最も混乱を引き起こしているのが、この人口問題への対策って、人口増加を抑制することなのか？それとも少子化を防ぐことなのか？という疑問ではないでしょうか。

このほとんど停止していたといえる人口増加率でも、そこで生じた人口増加が、グレートジャーニーといわれる地球上での人類の拡散を生み出しました。アフリカを出発した人類は、約１万4,000年前までには南米の南端まで到達したといわれます。この過程で人類は数多くの生物種を絶滅させてきたようです。自然史的な時間の幅でいえば、大変な増加であり、さらに地球環境を変化させるような激しいインパクトであったといえます。

これでも、ここで議論している「人口増加か減少か」、という変化に比べたら“静止”していたと言えるほど緩やかな変化だったのです。言葉をかえれば、近代における人口の変化はそれほど激しいものであるということができるでしょう。

それでは私たちが現在直面している人口問題、すなわち近代における人口増加と現在先進国が直面している少子化・人口減少を考え、続いてその原因といえる人口転換について考えてみることにしましょう。

コラム　人口が増え続けたらどうなるか

人口への取り組みがマルサスの有名な懸念「人口は制限されなければ幾何級数的に増加するが、生存資源（食糧）は算術級数的にしか増加しない。そこで必然的に生じてくる飢餓が人々を悪徳に走らせる」から始まったことをご存知の方も多いと思います。まさしくこれは人口問題の本質を突いています。制約条件が食糧生産であるのかそれとも淡水資源であるのか、はたまた環境、エネルギーであるのかを問わず、人口増加はその性質として指数的に増加し、その他のものが制約条件になってくるということです。

ボストン大学の医学部の教授でもあったアイザック・アジモフは、ロボット三原則などで有名なSF作家ですが、科学エッセイの分野でも多くの著作を著しています。そのアジモフの『わが惑星、そは汝のもの』に所収されている「等比級数の威力」という論文で、すべて科学技術が無限に進歩し、一切の制約がなくなった中でこの宇宙はどこまで人口増加を許容できるかというシミュレーションを行っています[10]。

この論文は人口増加率が最も高かった1969年頃の状況を反映した論文ですが、人口増加率が低下したとしても増え続ける以上、その本質的な意味はあまり変わりません。その計算によると、世界中が当時世界で最も人口密度が高かった、マンハッタンの人口密度になるまで、わずか585年。そして宇宙に存在するすべての炭素を人間の体に100％の効率性で変換して人口を維持するとして宇宙が人類で埋め尽くされるまでにわずか4200年しかかからないと計算しています。

人類という種の歴史であればラミダス猿人の450万年から430万年という歴史があり、この4200年という時間がいかに短いかおわかりになると思います。現生人類に限っても、その直系の祖先と考えられるミトコンドリア・イブと呼ばれる一人の女性は16万年前±４万年にアフリカに住んでいたと考えられています。いずれにしても長い時間をかけて人類は増加してきたのです。これから人口問題を議論していきますが、持続可能な社会をつくろうとすれば、人口増加という選択肢は絶対に取れないことだけは、はっきりしているのです。

4
近代における人口増加と少子高齢化

4-1. 出生率と人口増加

よく知られている数字に合計特殊出生率（TFR）があります。日本のTFRが1.4を切ったとか、超えたとかよく新聞の紙面に掲載されています。女性１人で子どもができるわけではありませんから、男女２人で再生産すると考えてそれほど間違いはありません。“いやそうでもない”、という突っ込みが入りそうですが、ここではその議論は止めておきましょう。

生物としてのヒトの場合、これは自然の摂理としかいえないようなのですが、自然状態では男児の方が女児よりも若干多く生まれてきます。しかし男児の死亡率の方が高く、男女の成人時性比はほぼ100：100になるようです。したがって、男女２人で再生産すると考えることは生物学的には妥当といえます。このように２人で再生産しますから、生まれてきた子どもたちが人口再生産年齢に達するまでまったく死ななかったとすれば、TFR 2.0で人口は単純再生産、つまり増えも減りもしない状態になります。

このTFRは人口統計を用いて、各年齢の女性1,000人当たりの出生数をすべて合計したものを1,000で割って求めます。つまり、ある年におけるさまざまな年齢の女性の出生率を合計した全体の出生率になります。その意味では、年齢構造の違いによる女性人口の差などは反映されません。この人口統計を用いた現時点での出生の状態を表すTFRに対して、１人の女性が初潮から閉経までの再生産年齢において何人の子どもを持つかということを完結出生力といいます。

自然状態で一切の避妊を行わなかった場合の完結出生力が、生物としての人間が持つ平均的な出生能力ということになります。この数字をハテライト指数[11]といい、約10人といわれています。これは、北米に居住するプロテスタント再洗礼派に属するハテライト派の人々が、栄養状態や健康状態が良好な中、宗教的な理由で避妊と中絶を拒否した場合の実例から算出された数字です。

これは単純にいって一世代で５倍の人口増加を意味します。平均値として30年から35年で再生産すると考えると、人口増加率換算で４％以上という猛烈な増加率となります。いずれにしても、このような増加率では、あっという間に地域の人口扶養力を食いつぶしてしまうため、増加した人口を長期的に維持することはできません。この増加率をほぼゼロにするために、安定した社会では、社会的な制度として人口抑制が組み込まれていたようです。

日本の事例であれば、かつては長子にしか結婚を認めない制度や、適齢期にある女性を都市に奉公に出すことで婚期をはずす、といったことが行われていました。さらに、都市は人口が密集しますから、感染症の流行の影響を受けやすく、そのために死亡率が高くなっていました。その結果、戦国時代末期、江戸開府直前の1600年に1,227万人であった日本人口は1750年に約2,500万人になるまで増加を続け、その後、幕末期に入る1846年頃までほぼ同じ人口規模を維持していました[12]。

4-2. マルサスの懸念

このように、近代における人口問題は、生産性の向上などもあいまって伝統的社会よりも高くなった出生と、科学の進歩によって減少した死亡率の不均衡が生み出した人口増加への対処から始まりました。

マルサスの有名な懸念、「人口は制限されなければ幾何級数的に増加するが、生存資源（食糧）は算術級数的にしか増加しない。そこで必然的に生じてくる飢餓が人々を悪徳に走らせる」という問題意識が、そのことを端的に示しています。このように、近代における人口問題は、人口増加への対応の必要性から始まったのです。

この人口増加を人口転換という点から見てみましょう。人口転換理論では、多産多死状態から多産少死状態を経て少産少死へと移行し、人口は安定化すると考えられてきました。そしてその転換は、出生に関する“出生転換”と、死亡に関する“死亡転換”が組み合わさって起こります。このプロセスは、前述したように実際にはもう少し複雑です。伝統的社会と比較して近代に人口が急増した理由には、出生の増加もあったと考えられます。

例えば、日本では明治時代のように富国強兵の掛け声のもと、皆婚制度とでもいうべき状態が生まれ、出生が急増しました。これに加えて近代医学も導入され、イギリス流の公衆衛生も導入されたことで、死亡率、なかでも乳児・幼児の死亡率が急減したと考えられます。

また、イギリスなどの例に見られるように産業革命と軌を一にした生産力の増加が人口の生産力も引き上げた、などのさまざまな条件があったようです。ただ論じ出すときりがなくなるので、ここでは捨象します。

4-3. 人口転換と人口構造の変化

議論を単純にするために、人口転換の初期状態を多産が多死によって相殺されている状態と仮定しましょう。この状況であれば人口は増加しません。現在の途上国は熱帯・亜熱帯地域にあることが多いのですが、それらの地域では感染症などの死亡率、特に乳児死亡率の高さが人口増加を相殺していたようです。この地域に20世紀の後半に急速に近代的な医療技術が普及していったことで死亡率が急減しました。同時に近代化は文化変容も引き起こし、伝統的規範を破壊し、出生を抑制していた条件をも壊していったのでしょう。ただこの分野に関する研究はまだ十分に行われていないと思います。

いずれにしても死亡の減少が先に起こりました。この死亡の転換は医学的な要因が強いので、別名、疫学的転換ともいいます。出生率が変わらないまま、死亡率が減るわけですから、人口は急増を始めます。このような人口増加が起こっている社会環境においては、社会保障などが十分にあるわけではありません。したがって、子どものいない人の老後はかなり悲惨なことになります。つまり自らの老後保障としても、産む子どもの数はなかなか減らせないのです。

国民皆保険を達成し、社会保障制度が整備された今の日本ですら、高齢化社会の一つの大きな問題は、高齢者が将来に対する不安を感じ、その備えとして金融資産を抱え込み、資産が経済活動に回らないことにあるといいます。不安というものは常に過剰な防衛に人を走らせるのですが、社会保障のない社会であれば、これが子どもということになります。

少し話を先取りしてしまいますが、日本で子どもが減ったのは社会保障が整備された結果、子どもの持つ社会保障機能が意味を持たなくなった、もしくは高い学費を払ってもきちんとした職に就けないなど、投資効率が悪くなり、子どもが負担でしかなくなった結果だという考え方もあります。

話を元に戻すと、子どもを産み続けるのは社会保障としての機能からである、ということであれば、子どもの死亡率が高ければ、安全を考えて過剰に産み続けなければならなくなります。言葉を換えれば、生まれてくる子どもがきちんと育つということが親に理解されれば、出生数は減ってきます。そしてそのように公衆衛生が整えられる社会環境は、当然社会の変化も引き起こし、さらに生涯所得機会を拡大しようとすれば、子どもに教育を与える必要が出てきます。

端的にいって、子どもを産み続けることが非合理になってくるのです。子どもを持つのは楽しみでもあると思いますが、出産には危険も伴い、身体的にも負担の大きいものです。その意味では、子どもが死なない環境であれば、1ダースも子どもを産みたいと思う女性はそれほど多くないということです。

いずれにしても、死亡の転換が人口増加を引き起こし、それから遅れてしか出生の転換が始まらないことが近代の人口増加をつくり出しました。そして出生の転換が起これば、これで出生率は単純再生産程度に落ち着き、“めでたし、めでたし”のはずでした（人口転換模式図の出生１）。

しかし、そうはなりませんでしたよね。出生はどんどん下がり続け、置き換え水準を下回っても下がり続けたのです（人口転換模式図の出生２）。出生の転換については、少子化との関連で若干詳細な分析が必要となりますので、後ほど説明します。

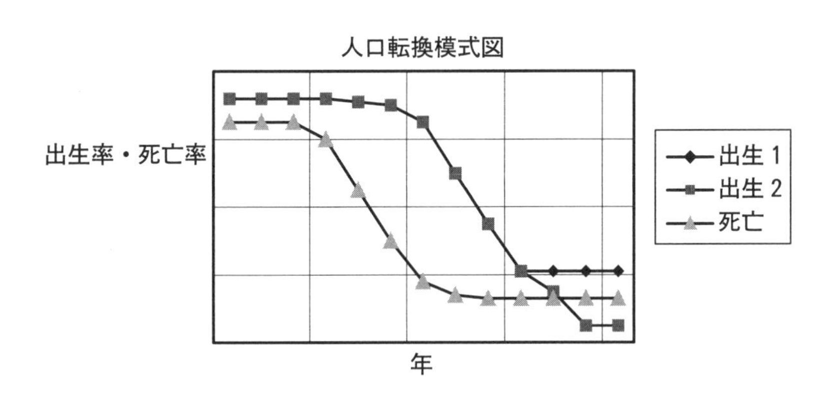

人口転換の模式図は胃袋のように真ん中が膨らんでいますが、この部分で人口が増加しました。そしてその後、出生が減少したのですから、その増加した人口がさまざまな影響を与えていきます。このような世代による人口の塊をコーホートと呼びます。特に人口増加したコーホートは社会的に大きな影響を与えます。日本では戦後のベビーブーム世代がそこに当たります。

初期の段階では、その人口ピラミッドはまさしくピラミッド型をしています[13]。そこでは、乳児死亡率の低減や初等教育、中等教育、高等教育のための投資が必要となります。この塊の人口が生産年齢に入ったときに運よく経済的な環境に恵まれ、雇用が確保されれば、経済的発展を遂げることができます。年少・高齢者ともに従属人口が少ないですから当然ともいえます。日本などは、国民の努力もありましたが、この人口転換の恩恵を享受した典型的な国といえます。この時期を人口ボーナスといいます。

そしてこの人口の塊が高齢者になっているのが現在の日本で、世界一の高齢化率ということになります。日本では第二次世界大戦後にベビーブームが起こり出生が急上昇したのですが、その後「新生活運動」の一環として、栄養・衛生の改善が行われ、その中で、卵預金などを導入することで、農家の嫁が可処分所得を持てるようになり、子どもの学用品などを購入できる経済力をつけることができるようになりました。このような方法は、現在ではマイクロクレジットといわれ、途上国開発の基本的な手段となっています。さらにこのような女性の地位向上とともに家族計画が導入され、保健指導も行われ急速に出生率が低下しました。出生率は劇的に低下しましたが、そこで生まれたベビーブーマー、いわゆる団塊の世代が成長するにつれ、受験戦争が激化し、全共闘などの思想闘争も生じました。その中で日本社会は高度経済成長を達成し、「モーレツ社員」がはやり言葉になりました。その経済を支えた人々も高齢化して、高齢者への年金、医療費などの社会的負担が膨張し、それを支える年齢の若い人口が少ない状態に至ります。

これらはすべて戦後のベビーブーム世代の大きな人口の塊が引き起こした現象です。現在のように人口構造が社会的負担になってきた現状を、かつての人口ボーナスに対して人口オーナス（負担）と呼んでいます。

現在の少子化はベビーブーム世代の子どもたちが再生産年齢になったときに、価値観の変化が起こって子どもをあまり持たなかった結果でもあります。本来であればコーホートという塊が孫世代で再生産年齢に入ってくる時期ですが、それがあまりはっきりしないほど、結婚しなくなり、子どもを産んでくれなくなっています。

ここで理解していただきたいことは、人口増加も高齢化も、人口転換の結果生じるものだということです。この結果、人口に占める子どもの割合

日本の人口構造の推移（1950年、2000年、2040年）

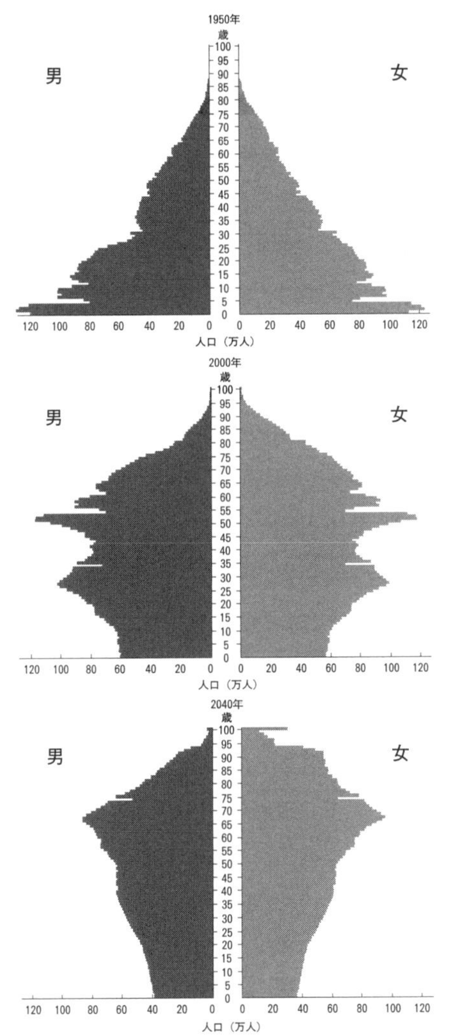

出所：国立社会保障・人口問題研究所ホームページ
（https://www.ipss.go.jp/）人口ピラミッド1950、2000、2040。

が小さくなる少子化もまた必然的に引き起こされます。しかし、現在のように人口再生産率を大幅に下回る出生率の低下、つまり極端な少子化がなぜ生じるのかについては人口転換の構造的な要因だけでは説明することができません。この問題を理解するためには、出生転換について少し詳しく見ていく必要があります。このことを説明した後で、最初の問い、人口問題とは、人口が増えていることに対する対策なの？それとも少子化に対する対策なの？という問いに答えていきたいと思います。

5
人口転換とは何か？

5-1. 人口転換のプロセス

これまで、現代の私たちが直面する人口問題は、出アフリカから有史までの人口増加率の変動に比べて桁違いに大きな人口の変動によって生じていること、近代から現代の人口問題は人口転換の結果として起こってくること、その人口転換の結果として、どうしても人口の塊ができることを説明しました。

死亡率の低下に伴うこの塊が人口再生産を続ければ、ピラミッド型の人口構造どころか、富士山のように裾野が広がる指数的な人口増加を引き起こします。一時期アフリカで起こった人口増加は、このような人口増加率がプラス、つまり、人口増加率そのものが増加するような急激な増加を経験しました。

このような人口増加率の増加も、実は死亡率の減少が生じなければ起こらないことなので、すでに人口転換の過程に入った結果として生じたものであることは、重要なポイントだと思います。

人口転換の過程は、この死亡転換から始まり、以下のようなプロセスをとります。

①人口増加率の増加（複利計算でいえば利率自体がどんどん上がるような増加）

②人口増加率の安定（一定利率の複利での増加）

③人口増加率の低下（利率は下がっても複利での増加）

④人口増加率の置き換え水準の達成（それ以前に生まれた子どもの塊が、生殖可能年齢になって人口再生産するので、人口はまだ増加します。これを「人口のモメンタム」といいます。）
⑤人口増加の停止（人口は増加しません。この段階であれば合計特殊出生率（TFR）はすでに置き換え水準である約2を下回ります。）

人口が減少に向かう場合も同じで、必然的にここですぐに止まるわけではありません。人口増加と同じ過程を逆に進んでいくことになります。

⑥人口減少（人口の減少率にあわせた複利での減少）
⑦人口減少の加速（人口減少率の増大）

これが、2100年に日本の人口が5,000万人を下回ると考えられるメカニズムです。

つまり人口は、増加し始めても、減少し始めても、いったん動き出すとすぐに止まることができないのです。筆者が師事した人口学の黒田俊夫は、このことをタンカーのようなものだと表現していました。ご存知の通り、中東から日本に石油を運んでくるタンカーは、その質量が大きいために加速が容易ではありません。ただいったん走り出してしまうと止まることも容易ではなく、エンジンを切っても数キロは走り続けるそうです。急に止めようと思えば、相当なショックを覚悟して、戦闘機と同じように水中で緊急停止用のパラシュートのようなものを広げて停止させるしかありませんが、それでもすぐには止まりません。

人間が次の世代を再生産するのに、平均して20〜30年の時間がかかると仮定することは、妥当でしょう。タンカーと違い、人口の場合この20〜30年を一世代として変化していくわけですから、その変化は相当長期の変化とならざるを得ません。

短い期間で変化が起こったとしたら、当然その影響は数世代にわたるわけです。人口再生産に20〜30年の時間がかかるということは、さまざまな状況の変化に合わせて人々の対応が変化するのに長い時間がかかるということを意味します。日本は戦後直後のベビーブームにおける高い出生率から、わずか30年ほどで置き換え水準を達成してしまいましたが、これは恐らく、戦前から変化するための準備がすでにできていたためと考えることができます。その意味で日本の人口転換も、戦後だけを考えるのではなく、大正時代ぐらいから始まっていたと考える人口学者も少なくありません。いずれにしても、私たちがとらえなければならない人口問題は、この人口転換に付随して生じてきた問題なのです。

5-2. 人口学ではこれまで人口転換をどのように考えてきたか

①人口転換理論における仮説

ここでは、人口問題を理解するために、人口転換について少し考えてみましょう。人口転換は多くの人口学者によって検討されてきました。事実上、人口転換の考え方を創始したのはF.W.ノートスタインですが、人口転換という名称を初めて使ったのはR.A.イースタリンです。ここでは人口学的な議論をすることが目的ではありませんから、筆者が師事した黒田俊夫の人口転換理論をもとに考えましょう。

黒田の人口転換理論は、ハワイ東西センターの趙利済（リー・ジェイ・チョウ）らとの議論の結果生まれてきたもので、その中で人口転換指数（DTI）という指標が生まれました。

DTIは、人口転換を出生の転換と死亡の転換の合成として考えます。TFR 7.6を初期段階として考え、TFR2.1をその完了と考えます。死亡は平均余命をもとに算出され、46歳を初期段階、79歳を完了として考えます。

今から考えれば、人口増加そのものを人口転換が始まった結果として生じる現象と考えることができ、これらは再解釈が必要になっていると考えます。また平均寿命が長い国では80歳を超えている今日、79歳を人口転換の完結といえるかなど、いくつも疑問は出てきますが、当時の社会の実情から考えて妥当性のある数字を設定したと考えることができます。

詳細な議論は避けますが、ここで注目すべきは、黒田らの人口転換理論が、人口転換を「高出生・高死亡→高出生・死亡の低下→出生の低下・低死亡→低出生・低死亡」の過程を経て、TFR2.1の置き換え水準が達成され、人口転換が完結し、人口が安定すると考えていたことです。そしてこの人口転換は経済発展と相関し、経済発展すれば人口転換は進むという仮説を持っていました。その仮説は当時相当な妥当性を持っていたと考えられます。

②人口転換理論における例外の発生

しかし黒田らの想定に反して、現在先進国で見られるようにTFRが2.1を下回り、ヴァン・デ・カーらによって「第二の人口転換」と呼ばれるような現象が起こってきました。またその頃、中国の四川省で見られたように、１人当たり国民総生産（GNP）はそれほど高くないのに人口転換が進むという例外が数多く出てきました。[14]

現時点から第二の人口転換という現象を考えれば、黒田らの想定はある現象が起こった後に必然的に付随する“揺り返し”ともいえる現象を考慮していなかったといえるでしょう。先ほど人口転換のプロセスを増加率（減少率）という点から見ていきましたが、そこでわかるとおり、いったん減り始めると、TFR2.1でそのまま安定すると考えるのは難しいということがわかります。

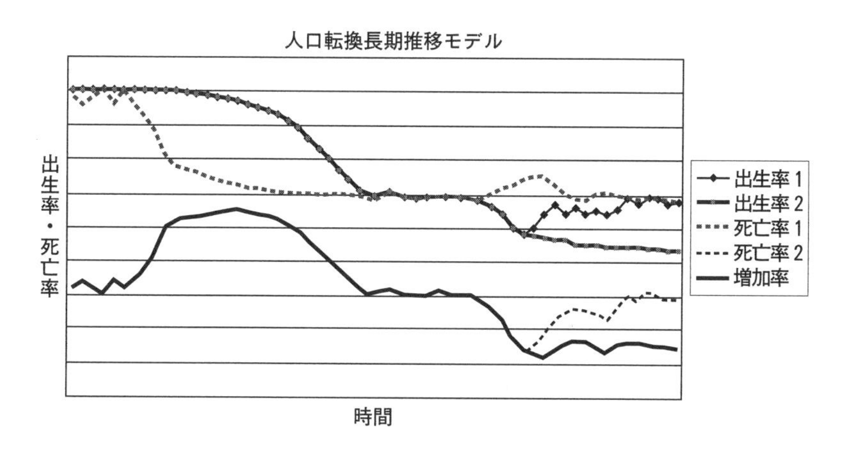

ではなぜ安定しないのでしょうか。読者の皆様は、人口構造の問題とすでに述べたモメンタムの問題だということがおわかりだと思います。つまり人口というものの性質上、簡単には安定しないということであり、黒田らが想定したよりも遥かに長期的な時間軸で人口転換をとらえなければならなかったのです。

黒田らが想定した人口転換よりも長い時間軸でとらえなければならないことはわかったとしても、なぜこのような現象が生じてくるのか、つまり一人ひとりの出生力がなぜ低下するのかは、人口構造上の問題として数学的に導かれるものではなく、その回答は容易ではありません。

この点は少子化議論の中心となるところであり、多くの議論が存在しますが、私なりの議論を展開してみましょう。カギとなるのが「出生は行為の結果」であるという考え方です。“なに当たり前のことをいっているんだ”という声が聞こえそうですが、しばらく議論に付き合ってください。

5-3. 人口転換理論の再検討　行為としての出生転換

①出生は行為の結果

ここで主に出生の転換、特に置き換え水準を下回るような出生率の低下がなぜ起こったのか考えていきましょう。なぜ死亡の転換を考えないのかという疑問が出てくるかもしれません。確かに人口転換の初期において、死亡の転換が果たした役割は非常に大きなものです。

ただこれは別名、疫学的転換といわれるように、医学、公衆衛生をはじめとする技術的な要因や、栄養の改善などの面が大きく、原因がはっきりしているといってよいと思います。また現在、少子化が課題となっている先進国では、とりあえず対処が済んでいると考えてよいでしょう。

社会学の始祖、E.デュルケイムが『自殺論』の中で自殺統計を扱い、死亡が社会的現象であるという認識が形成されました。医学的に考えれば死亡率にストレスなどが大きな影響を与えると考えられますし、死亡に与える個人の主観の影響は大きなものがあると思います。しかし、死亡の要因を統計的に考えてみると、自殺を除いて、死亡は個人の価値観に関わる社会現象というよりも、前述のとおり、医学的環境、栄養、自然災害、はたまたヒトの生物種としての限界、つまり寿命で決定されるものと考えることができます。

つまり一般的に、自殺を除けば「死にたくて死ぬ人はいない」ということです。そして寿命がある以上、ある程度以下に死亡率が下がることはないと考えてよいでしょう。いずれにしても、出生率が置き換え水準を下回るような出生の転換に死亡の問題はあまり関係しないと考えてよいと思いますので、ここでは死亡の問題は扱いません。

これに対して、出生はどこまで下がるかわかりません。当初TFR2.1で安定すると考えられた予測が外れたように、出生には死亡のような歯止めがないのです。なぜ歯止めがないのか？　それは出生（出産）そのものが生物としての現象もしくは行動であっても、人間にとっての出生は、主観的価値によって変化する「行為の結果」だからです。

簡単にいえば、中絶や自然流産を除けば、「できちゃえば、産む」ことになります。この「できちゃった」かどうか、つまり妊娠は、マリアによるキリストの処女懐胎を除けば、男女が行った行為の結果であり、社会的価値観を反映させたものだということです。

ここで述べる出生を「行為」としてとらえる視点は、人口学者に広く共有されている視点ではありません。出生をどう考えるかについては多くの意見がありますが、ここでは読者の皆様に人口問題の概観を把握してもらうことを目的としていますので、各議論を検証するような作業は控えたいと思います。

ただ一般的に人口学の多くは、統計的な操作について述べることが多く、その数字の背景について述べることは少ないように思います。また経済学的視点からの分析では、子育て費用などの経済的要因に注目しますが、これも「行為」を形づくる要素の一つであって、すべてではないと考えます。そして出生を「行為の結果」と見る考え方は、これからの少子高齢化社会を理解するうえで重要な視点となるものだと思います。

「なぜ出生率は置き換え水準を下回って減り続けるのか」、そして最初の疑問である「人口問題は増加を抑制する問題なのか、それとも少子化を改善する課題なのか」という疑問について、次から私なりの解答を述べたいと思います。

6 人口問題と私たちが直面する課題の理論的背景

6-1. なぜ出生率は置き換え水準を下回って減り続けるのか ——人口転換理論の再検討

これまで、出生は「行為」の結果であり、出生転換を考える場合には「行為」を考えなければならないという視点を紹介しました。この考え方に基づくと、実は重大な結果が生まれてきます。今回はこの「行為と出生」の関係を少し詳しく分析します。

人口構造の変動は、ジョエル・コーエンに代表されるように、これまでどちらかといえば機械的にとらえられることが多く、いずれ均衡するというホメオスタシスのような自動的な調整機能を前提としていたように思えます[15]。実際、人間社会も地球環境に適応しなければ存在しえません。適応できなければ滅びるだけ、ということはつまり環境の変化に対応した調整が行われてきたと考えることができます。

人類の「出アフリカ」から西暦ゼロ年までの平均人口増加率は0.02%程度で、近代の数%という人口増加率に比べれば100分の1のレベルのわずかな変動であったと前述しました。微視的に見れば、おそらく食糧が潤沢にある間は急速に人口が増加し、その後も天災や飢饉、疫病などによる激減を繰り返したと考えられます。結果として、停止状態に近い人口増加というのは、非常に長期的な視点の話で、短期的にはそうではなかったのです。

一見ホメオスタシスのように見える「適応」も同じでしょう。結果として適応しているように見えても、それは「適応した」のか、それとも適応できなかった人類はすでに死滅しており、結果として生き残った人類だけを考えているから「適応と見える」のか、よくわかりません。適応といってしまえばわかったような気になりますが、実はそのメカニズムに対する関心を失い、ブラックボックスに入れてしまうような傾向があると思います。

しかし私たちが政策的な対処を含め、出生転換について考える場合には、人間の一生程度の時間幅で問題を考えるのですから、自然の均衡やホメオスタシスという考え方を使うわけにはいかないのです。

そこで「行為」として出生を考える必要が出てきます。この結果は驚くべきものです。つまり、集団として見た場合、その出生力は女性の出生力の上限の平均値といえるハテライト指数であるTFR10前後から、子どもを産む人がいない0まで任意の値を取りうるのです。いくらなんでも0はないだろうという反論もあるかもしれません。

以下の図はカンボジア人口をポルポト期までの統計を延長したグラフ（仮定1）とカンボジア和平によって新たにとられた人口統計から逆推計したもの（仮定2）です。大きなひし形ができていますが、これが失われた、もしくは生まれなかったカンボジアの人口ということになります。

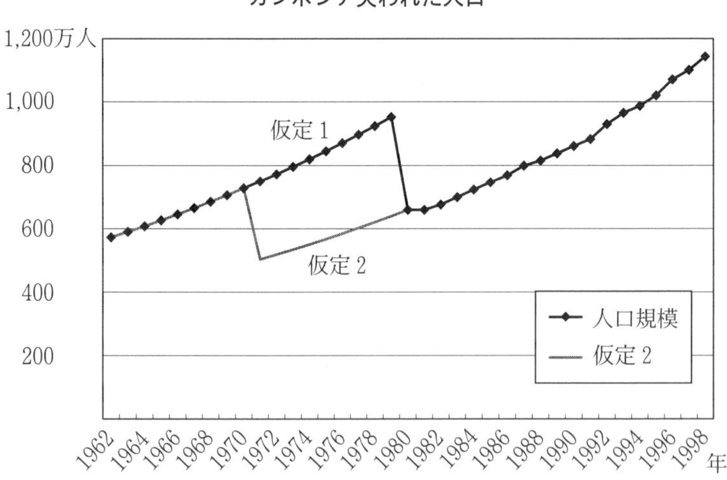

この時期、虐殺をはじめ、男性が内戦で数多く死亡し、男女比率が大きく不均衡になったこと、ポルポト政権下での灌漑水路が信念だけで開発され、物理法則を無視した結果として機能せず、この農業開発を中心とした開発事業の失敗により多くの餓死が生じたことが知られています。しかし筆者が現地で聞き取り調査をした際にカンボジアのポルポト政権後期には、出生率そのものが非常に少なくなったと考えられる傍証を得ることができました。家族計画の機材もまったく入らない中で、出生がほとんどなくなってしまったと考えられるのです。

これは、おそらくカンボジアの人々が将来に希望を持てなくなっていたことを示していると思われます。もしそうでなければ、カンボジアで同時期、人口の1/2弱から1/3強の人口が増加できなかった理由を説明できないと考えます。これと同様の例は、旧ソ連諸国が独立した際における、急激な出生率の低下にも見ることができます。

6-2.「行為」とは

ここでいう「行為」とは何でしょう？　社会学の研究は行為を対象としています。これは簡単にいえば、「意味を持った行動」と定義することができます。例えば、腱反射を確認するために膝を打診して跳ね上がる現象がありますが、これは身体の機能としての「反射」であって、本人の意思が反映されたものではありません。よって行動ではありますが「行為」ではありません。また、「意味を持った行動」が「行為」であることから、行動の一部が「行為」であると考えることできますが、何らかの意味を持って「行動しないこと」も「行為」なので話は単純ではありません。

そこで問題です。私たちが最も頻繁に行っている代表的な「行為」は何でしょう？　あらたまって聞かれると難しいですよね。答えをいいますと、一般的に「発話行為」、つまり「喋っている」ということです。実際には一方的に喋っているわけでもないので、「聞く」という行為がセットになりますし、身体的なゼスチャーなどを把握する、いわゆるボディランゲージというものもそこに加わり、五感のすべてを動員した行為の相互作用がそこで起こっています。これを“コミュニケーション的行為”などといったりします。

喋っているという行為は、行動としてみたら気道から声帯に空気が送り込まれ、声帯が振動し、音として出ている状態です。しかしその音が意思を伝えるためには、この音が相手に理解できる、パターンや組み合わせを持っている必要があります。つまり、喋っている人がそれを伝えたい人と同じ情報を共有していることが前提となるのです。これが違えば伝わりません。

例えば私の場合、ジャンボ！という言葉がスワヒリ語の挨拶であることは知っていますが、それ以上は知りません。ケニアのマサイ族がスワヒリ語で話しかけてくれても「何かいっているな」という以上の理解をすることはできないのです。スワヒリ語なら、ジャンボという単語を一つ知っていますから、お互いにジャンボと言っているだけでも友情を生み出せる可能性がなくはないですが、コプト語や映画「ブッシュマン（コイサンマン)」でニカウさんが話していたコイサン語になれば一言もわかりません。つまり、発話行為が成立するためには、お互いに同じ情報を共有していなければならないのです。

このように行為とは“意味を持った行動”のことを指します。そしてこれは通常の場合、自分だけが意味を与えているのではなく、社会的に共有され、他人もほぼ同じようにその意味を理解しているものとなります。したがって行為は個人の活動という形で表現されますが、社会的な現象となるのです。

つまり考えて見れば当たり前のことなのですが、出産そのものは生物としての現象ですが、妊娠に至るプロセスは人間の場合には意識しているか否かは別にして、何らかの意味を持った行動であり、行為として理解しなければならないことがわかります。そしてその意味は時代や社会によって共有されるものであるとともに、時代の変化に伴い、また社会ごとに変化するものだということがわかります。そしてこの共有された意味は多くの場合、社会的価値観というものと密接に結びついたものとなります。

そうか、出生が「行為」であり、意味のある行動であるのならば、人々の意識を変えればいいんだな、と思うかもしれません。しかし、「行為」は意味を持った行動であるといいましたが、それが「行為」をしている人間にとって十分意識できるかどうかは別問題なのです。

ここで質問です。何かするとき、常に考えて行動していますか？　「あったりまえだろう」と怒られそうですですが、私の場合、普段の生活ではあまり考えないで行動していることも多いように思います。「考えて」という言葉は曖昧なので、「意識して」と置き換えてみるとよいと思います。

自分がそうだから、というわけでもないのですが、私たちの行為のほとんどは意識的になされていないのではないかと考えています。例えば、言葉を喋るとき、日本人は日本語で話していますが、日本語の文法を意識して話すことは稀ではないでしょうか。逆に外国語を話す場合には、文法を考えているうちに、話すタイミングを失うこともよく起こります。

これは意識していると上手く「行為」ができないというパラドックスを生みます。もちろん、私たちは日本語の文法を知っているからこそ喋れているのですが、文法を知っていることと、それを意識していることは違うということです。知っているけど意識していないものを説明するには国語学者などの専門家の手を借りるしかありません。社会的な行為を形成している価値や意味も同じで、内在化され意識下に入り意識されなくなった価値や意味を理解することは容易なことではありません。

しかし、私の場合など特にそうですが、普段の生活のほとんどを意識しないで慣習的に行為しているとすれば、意識しているとは限らない行為のほうが多く、意識している行為のほうが限定的ではないかと思うのです。

このように説明すると、わかった、“無意識に突き動かされて行為しているんだね！”という言葉が聞こえてきそうですが、有名なS．フロイトが提示した「無意識」は、特別な意味を持っているのでここでは使いません。行為には、「意識した行為」と「意識しない行為」があると理解してください。

意識しないでもその行為ができるようになるには、さまざまな知識を学ぶことが必要です。しかし意識している状態ではそれを上手く使うことはできません。上手く使うことができる状態になったということは、非常に深く学んでいるからこそ意識することすらなくなったともいえます。その意味で意識しない行為は社会的知識が身体化した、内在化した、意識下の知識になったといえると思います。私たちの行為のほとんどはこの意識しない行為によって成り立っているといえばいい過ぎでしょうか。

出生は「行為」の結果と考えるといいましたが、通常そのことが意識されない理由もおわかりですよね。私たちの日々の生活のほとんどは、当たり前だとして意識されない「行為」で構成されていて、だからこそ私たちは同じことを繰り返すことができるのです。出生も同じです。その結果、妊娠してしまえば、通常の場合であれば、後は生物としてのメカニズムで出生に至ります。したがって、社会的価値観や慣習などで規定された行為が影響するのは妊娠までのプロセスです。

そこには恋愛や見合い、結婚などさまざまな社会制度が複雑にからみあったプロセスを経ることになりますが、それらはそのほとんどが、伝統的価値観や慣習など人々の日々の生活としての行為やそれを支える価値規範によって運営されていて、それらの是非を問うことはあまりないのです。

これらの人間の行為の特色から、社会的な条件の変化に対し、その対応は遅れがちになります。特に識字率が低い伝統的社会では、この内在化された行為の比率が高いと考えられるので、行為の変化につながるまでに時間がかかります。これが、死亡率が低減してもなかなか出生率が低下しない理由であり、さらに出生率を下げるためには、女性の、特に子どもを産む前の若い女性の識字率を上げることが出生率の低減につながる理由だと考えられます。

この分析に従えば、多産であれ少子であれ、行為を変化させるためには「意識されていない行為の部分を意識化すること」と「意識しない行為を支えている環境（条件）を変化させること」の両方が必要だということになります。

少子化は、多くの場合、国民のほとんどが高い識字率を持ち、環境（条件）変化に敏感に反応している先進国で生じています。つまり近代化された社会です。近代化の特色は、M.ウェーバーの指摘を待つまでもなく、「計算可能性と合理化」であるといえます。このような状況の中で、人々は意識しないで、比較的近視眼的な、経済合理性に基づいた、近代合理的な反応を取ろうとしているのです。

言葉を換えれば、個人の利益の集合が社会の利益につながっていない状態が生み出されているといえ、少子化とは、子どもを持つことの利益が、持たないことの不利益より低い状態といえます。そしてこれは、近代社会の中での合理的な選択としての個人の価値観を反映させたものであり、短期的に解消されるものではないでしょう。

出生が行為である以上、先進国で出生を改善するためには、女性にとって出生が負担にならないよう、子どもを産むことが合理的な判断となるよう、その条件をそろえることが重要になります。この論点からいえば、少子化への対応は明確かもしれません。個人が近代合理的に行為した結果、少子化に至っているのですから、子どもを持つことが制度的にも経済的にも負担ではなく、利益になるという社会制度をつくり上げればよいということになります。

具体的には例えば育児が負担にならない、さらにいえば子どもを持つことがカップルにとって、特に女性にとってメリットとなるような制度構築を行うことが必要になるということです。ただこのような制度は大きな社会変革を必要としますので難しいというのが現状でしょう。

6-3. 合理的行動（計算可能性）の結果としての少子化

①近代的規範が合理的で伝統的規範は合理的ではないのか？

これまで、「出生が行為であること」、そしてその「行為は意識されている価値観だけで成立するものではなく、むしろ意識していない価値観に支配されている部分が多いこと」、「出生が行為である以上、その社会的価値観を反映させたものとなること」、を説明しました。

このような説明に対し、近代や現代が合理的で前近代が非合理的というのは、短絡過ぎないかという意見が出ることは承知しています。これはまったくその通りで、特に近代や現代が合理的といいたかったわけではありません。近代や現代の特徴として計算可能性という合理性にしたがって人々が行為をするということはいえると思います。しかしここで注意しなければならないのは、“「計算可能性」とは計算できるものにしか適用できない”ということです。

現代における少子化のことを考えるためにも、現代のいわゆる「合理的判断」について少し考えてみましょう。

数年前の日本の探査衛星「はやぶさ」（第20号科学衛星MUSES-C）の快挙を覚えている人も多いと思います。「はやぶさ」は火星と木星の間の小惑星帯にまで到達し、小惑星「イトカワ」に着陸し、さらに地球まで帰還しました。この距離を考えると日本の航空宇宙工学は信じがたい技術を示しました。

この「はやぶさ」の快挙は実はそのほとんどがニュートン力学で説明ができます。アインシュタインの相対性理論に基づく重力や飛行速度の変化による、時間の進む速さの変化を計算に入れなければ、この快挙は達成できなかったと思いますが、そのほとんどの部分はどんなに膨大な複雑な計算であるとしても、それはニュートン力学に基づく計算で、そこにアインシュタインの理論による若干の補正をして飛行計画はつくられています。

単純化しすぎるかもしれませんが、「はやぶさ」の快挙は、ソーセージをポーンと上空に放り投げて、それをつかんだのと同じ方程式で達成されたということです。宇宙空間がほとんど何もないことを前提に考えれば、これほど広大な空間や猛烈な速度を扱うものであっても計算ができるということです。

しかし、ソーセージをポーンと放り投げたときに、トンビか何かが飛んできて、ソーセージを奪っていけば、ソーセージは手元に戻りません。「はやぶさ」も同じように、途中で把握できていない小惑星や宇宙塵と接触でもしたら、あの快挙は達成できなかったのです。

「はやぶさ」の場合、宇宙空間という、物理法則で把握されている条件以外の条件が非常に限定されている条件にあったからこそ、その計算は成り立ちました。しかし、現実の人間社会は真空中の物理法則ほど解明されていません。そして私たちは“わかっている範囲しか、わかりません”し、場合によっては“わかりたいようにしか、わからない”のです。

その意味では近・現代が「合理的」といっても本当に合理的なのかどうかは実はよくわからないというのが真実だと思います。明治の文明開化の頃、村の鎮守の神社を開けて、ご神体を取り出し、「ただの石ではないか！こんなものを拝んでいた」と、啓蒙主義の名のもとに、これまでの伝統的な価値観を破壊するような動きがありました。

また「この森を切ると祟りがある」という言い伝えがある森を、材木としての貨幣価値だけに換算した近代的合理主義者が切り拓くということなども多くありました。その結果、実はその地域は環境的に脆弱な地域で、森を伐採することで、土石流に村が飲み込まれるということがありえたのです。

それを「環境的に脆弱だから」という説明をして保護するのと「祟りがある」として触らないのとどちらが適切か、時代を考えればわからないと思います。少なくとも説明があまり要らないという意味で「祟りがある」のほうが簡単だったかもしれません。そのように考えていくと、「妥当性」

という考え方からいえばどちらも同じといえるかもしれません。

この考え方からいえば、実は現代の合理性も価値観としての合理性であって、しかもわかっている範囲内の条件だけ見た合理性でしかなく、ほんとうに合理的かどうかは、別問題だということができます。つまり伝統的社会であっても、近代合理的社会であっても、その行為の基準となる価値観のほとんどは人々に前提として共有されているもので、意識されているものではないということです。そしてその価値観がどの基準で合理的なのかは時代や環境によって変わります。

つまり伝統的な生活を円滑に行うためには、伝統的な価値観に基づく行為のほうが妥当性が高かったのでしょう。そして現代人は、計算可能性によって一見合理的に行動しているようですが、その条件から離れたものの合理性が見えないということから、環境問題をはじめとする多くの困難な問題を引き起こしているといえるのです。その意味では現代が「合理的」というのは括弧つきの合理性だということを忘れてはならないと思います。

ただ人口問題に話を戻すと、現代に適合しないにも関わらず、伝統的な価値観のまま高出生を維持している人たちの価値観を変えていくためには、やはり近代合理的な価値観の導入が必要になります。そしてそのためには識字率の向上や就学率の向上、特にその変化にとり残されがちな女性のそれが不可欠になります。そしてそこで可能になった変化を具体的な結果に結びつけるためには、女性の地位の向上や選択権の向上が不可欠になるのです。

②人口問題は増加を抑制する問題なのかそれとも少子化を改善する課題なのか

これまで脇道にいろいろそれましたが、“人口問題は増加を抑制する問題なのかそれとも少子化を改善する課題なのか”という問いに対して、やっと答えにきました。この問題に解答する前にこれまでの議論を簡単にまとめましょう。

人口がこの地球の扶養力の限界を超えて増加すれば、この地球という惑星の限界に直面し、環境は破壊され、人類の歴史に見るとおり文明崩壊・戦争・飢餓などの手段で人口圧を下げるしかなくなります。このような究極的な悲劇を避けるためには、人口の安定化が絶対に不可欠です。この人口の安定化を、文明崩壊・戦争・飢餓などの非人道的な方法で行わず、人道的な方法で行うとすれば、多産多死から多産少死、少産少死の過程である人口転換を経るしかありません。

そしてその過程で、経済活動年齢人口が多い人口ボーナス期を通るのですが、その後どうしても高齢人口が多く年少人口が少ない高齢社会を経験し、人口オーナス（負担）といわれる状態を通らざるを得ません。この問題を解決するために人口をかつてのように爆発的に増やすことはできませんから、一つは健康長寿を実現し、あらゆる世代の社会参画を活性化することで、これまでの価値観を変え、高齢社会でありながら、経済的に活性のある社会を構築するしかないのです。

そしてもう一つ、現代日本のような極端な少子社会は、実は子どもを持ちたい人が持てなくなっている社会であるといえると思います。その意味では、これも過去の社会的価値観からのさまざまな変化を必要としますが、子どもを持ちたい人が持てるような社会制度を構築する必要があるということができます。

ここまでお付き合いいただけば、一番最初に立てた疑問、“人口問題は増加を抑制する問題なのか、それとも少子化を改善する課題なのか”についての回答は、明確だと思います。急増も急減も大きな社会的負担をともないます。したがって、まず人口問題へ対処というものは急増や急減を避け安定化を志向する活動だといえると思います。

そして、ここで原則を再確認する必要があります。子どもをつくる・つくらないという選択は一人ひとりにとって重要な選択であり、人生を大きく左右する選択です。したがって、政府であれ国際機関であれ、どうしろと命令することはできません。そのような中で経験則として、社会環境が整い、女性が望まない妊娠[16]を避けることができさえすれば、出生は置き換え水準程度になっていくということがわかっています。また統計的にも望まない妊娠を防ぐことさえできたら、世界人口は急速に安定化に向かうということがわかっています。

さらに先進国の少子化についても同様です。子どもを持ちたい人が持てるようにすることが重要です。そうした場合でも、現在の状況ではTFRが置き換え水準を超えるような事態、つまり人口増加に転じるような状況になるとは考えにくいと思います。

その意味で人口問題に対する対応とは、「子どもを持ちたくない人が望まない妊娠を避けることができるようにすること」、さらに「子どもを持ちたい人が持てるようにすること」が回答になると思います。このどちらも一人ひとりの意思を尊重し、一人ひとりの希望を達成するための、そしてすべての人が幸せに暮らしていくための活動であると考えています。

この点から考えれば、「人口問題とは幸せをつくるための活動である」といえるのです。このような、すべての人が幸せに生活するための基盤となる人口問題に関する活動に携わってこられたことは、幸せな経験でした。

7

どうしたら日本の少子化は止められるか

7-1. 日本の少子化対策と人口問題

人口問題とは何かというこれまでの説明の中で、人口問題は「増やす」とか「減らす」とかという問題ではなく、一人ひとりが幸せな生活を送れるような基盤をつくるための課題であり、急激な変動を避ける活動であるという説明をしてきました。

極端な少子化は、子どもを持ちたいという希望を持っている人たちが、それを実現できない状況に置かれていることを意味します。そして社会的にも少子化の進展による、超高齢社会の急激な進捗は、社会が高齢化に対応する時間を奪い、その活力を奪うことになります。

人口増加までは必要ありませんし、先進国ではそのような目標を持つことは非現実的です。しかし同時に、次の世代が生まれ・育まれるということは社会の未来をつくる基盤であり、希望の源です。その意味で、急速な少子化の進む日本では、いかにある程度出生を回復させるかということが政策的な急務となっています。今、日本が直面している人口に関わる政策課題として重要な少子化対策を、これまでの論述に基づいて考えてみましょう。

7-2. 人口1億人政策は人口増加策？

安倍政権が、2014年6月24日に戦後の日本で初めて人口に関する数値目標を出したことを覚えている方もいらっしゃると思います。それは50年後に1億人を維持するという目標です。

国立社会保障人口問題研究所（IPSS）の推計（出生・死亡ともに中位）によれば、2060年の推計人口は約8,674万人ですから、約1,300万人ほどの人口減少を食い止めなければならないということになります。このIPSSの中位推計の前提となっている合計特殊出生率（TFR）は1.35程度です。

そして、死亡が少なく、出生が多いとした推計では2060年の日本人口は約9,600万人です。この場合の出生が多い、つまり高い出生率とはいってもTFR1.54程度を前提としています。この計算からいえば1億人を維持するためには、TFR1.75程度の出生率を回復し、維持することが必要になるということでしょうか。

これは人口増加目標のように受け止められましたが、そうではありません。数字から見ても明らかで、人口を維持するためにはTFR2.07程度の置き換え水準が必要ですが、1億人を維持するためには、1.75程度のTFRが必要ということで、置き換え水準よりもずいぶん低い出生率を前提としています。このことを考えるだけでも、実は人口減少を緩和するための目標値であることがわかります。なぜこのような目標が必要になったのでしょうか？

これまで人口問題は急増も急減も大きな影響を与えるので、基本的に人口は「安定」を志向すべきものであることを述べてきました。もちろん地球全体を考えれば、地球環境への負荷の面からも、そして一人ひとりの生活の豊かさを実現するという面からも、超長期的には、徐々に減ることが望ましいとは思われますが、それがあまりにも急な減少で、高齢社会を支えられなかったり、社会が崩壊してしまうようではどうしようもありません。

つまり社会政策という面から見れば、人口の急減は社会にとって変化に対応する時間を奪うので、非常にマイナスが多いということができるのです。この人口の急減を緩和するということと、世界的な人口増加を抑制するということは、国民の福利というものが目的である政策として考えればなんらの矛盾もないものであることはあらためて確認しておきましょう。

そして繰り返しになりますが、これは人口の急減を抑制する政策であるということで、人口の若干の減少を前提とした政策であることを確認しておく必要があるのです。つまり実数で見れば人口が若干減少する政策なのです。したがってアフリカなどのように人口の急増している地域において、リプロダクティブ・ヘルスの完全な普及などを後押しし、結果として人口増加の抑制を推進している日本の外交戦略ともまったく矛盾しません。

国際的に人口増加の抑制を結果として導く支援を推進しながら、自国では人口増加策（正確には人口減少抑制策）を実施するとは矛盾しているのではないかと、一見混乱しやすい問題かもしれません。しかし、これまで述べてきたとおり、そうではないのです。いずれの政策も人口増加も人口減少も緩やかにすることで、社会の対応能力を確保し、国民の福利を増し、一人ひとりの生活を向上させるための政策であり、支援であるということです。

7-3. 少子化対策

この人口１億人を維持するという政策の実現には論理的には高齢者の寿命の延伸ということも考えられますが、人間が生物である以上、永遠に活力を持って生きるわけには行きません。寿命だけを延ばしてもスウィフトの『ガリバー旅行記』に見る「ラピュタ」のような社会ができてしまうかもしれません。

多くの日本人がこのような社会を望んでいるわけではないでしょうし、今回の政府方針の目標設定の理由が、人口減少を緩やかにして、日本経済や社会の活力に深刻な影響を与えることを防ぎたいということであることから考えても、その対策の中心は少子化対策になるであろうことに、反論のある人はあまりいないと思います。

このような対策を考える場合、今生きている人が対象となりますから、多くの人が利益当事者となり、多くの利害がぶつかります。その結果、多様な意見に配慮して論述しだすと論点がわからなくなります。多少乱暴でも多様な意見をあまり配慮しないで論理的に考えてみましょう。そうすることで、問題の枠組みが見えてきます。

政策のつくり方とは本来、ある姿（事実）とあるべき姿（政策）を峻別し、ある姿の論理的な枠組みを明らかにし把握したうえで、具体的に政策に落としていくために、これまでの制度やさまざまな人々の利害という現実との調整を検討するということではないでしょうか。この点から、問題の本質を明らかにし、政策に寄与するために、まずはいろいろな配慮をしない形で、素直に少子化対策を考えてみます。これはあくまで思考実験で、政策そのものではありません。繰り返しになりますが実際の政策にしていくためには、多くの人が納得できるような調整が必要です。ここでの論述は、実際の政策を考えるためのきっかけとなることを願ったものです。

①経済合理的な少子化対策

私たち現代人が比較的近視眼的な経済合理的な規範を内在化し行為している結果、少子化が進んでいるという分析を前述しました。これは現代人が合理的に考えているということをいっているわけではありません。正確には、自分たちが、わかる範囲をすべてと考え、その範囲で合理的に考えることに無前提に価値を置いているということです。わからないことがあることを見据え、そこにあるはずの合理性を探求するような本当の科学的合理性とは別のものです。

社会政策として考える場合、人々がそのような「合理性」を前提として行為しているとすれば、そのような「合理性」に適合した政策を取る必要がある、ということがいえると思います。少子化を例にとって考えてみましょう。

例えば、個人が目の前の合理性で、社会保障制度を前提として子どもを持たない選択をした場合、結果として社会保障制度が維持できなくなります。これは、多数者が利用できる共有資源が乱獲されることによって資源の枯渇を招いてしまうという、経済学における「コモンズ（共有地）の悲劇」といわれる現象と同じメカニズムを持っているといえるかもしれません。誰もが当事者として「社会保障などの社会福祉の基盤」を社会的共有資源としてのコモンズと理解することなく、自分の利益を最大化する選択をした結果、そのコモンズはコモンズとしての役割を果たせなくなってしまうのです。

これは環境問題も一緒で、世界経済のコモンズといえる地球環境が、いわゆる経済合理的な活動を推し進めてきた結果、維持できなくなってきている状況を示しています。

このように現代人が考えているとすれば、政策の目標はきわめて明快です。つまり、個人が経済合理的に行為する結果として、社会的な財としての社会保障制度が守れるようにするしかないということです。

平たくいえば、子どもを持つことが経済的にメリットのある、少なくとも経済的にデメリットのない状態をつくるしかありません。そんなことができるのかという疑問もあると思います。現在の日本の財政状況から考えれば、若いカップルが子どもを持つことが経済的に合理的となるように、新しい資金をつぎ込むとすれば、どこからかその資金を調達する必要があります。それはどこから持ってくればよいのでしょうか。多様な現実への配慮を無視し、単純化し、あくまで「思考実験」として考えてみましょう。

②経済合理的な社会規範から考えた少子化対策の思考実験

年金を持続可能なものとするために、経済合理的な可能性として、これまでのように若い世代が高齢世代を支える制度（賦課方式）ではなく、一人ひとりが自分の老後資金を積み立てる（積み立て方式）に年金制度を移行させるというアイデアが検討されています。これから検討する制度は、この積み立て方式と現在の制度を調整したような方式です。

これは一人ひとりのライフスタイルの選択は自由だけれども、その選択に応じた応分の負担を求めるというものです。そうすれば原理的に社会保障が破綻することはありませんし、そのライフスタイル別の負担は統計的にかなり正しく推計することができます。

どのようにするかといえば次のような方式です。まず最初に確率に基づいて経済計算をして、一生涯独身でいた場合に必要となる年金に相当する額を所得税として基礎的にかける。極論ですがそうすれば積み立て方式と同じように、子どもが生まれなくても年金財政が破綻することはありません。

そして結婚した段階で（どのような形の結婚かはここでは議論しません）、これも統計的に生まれてくる子どもが将来労働力になったときの年金寄与分を前提として減税をする。さらに第１子が生まれた段階で減税。第２子が生まれた段階で減税、３子以上ではさらに減税、必要に応じて育児補助金を出すという、統計に基づく確率的な将来の期待収入（年金への寄与推定額）で税率を変えて、経済合理的に制度設計をするというのはどうでしょうか。

個人が結婚する・しない、子どもを持つ・持たないは、あくまで個人の意思で、誰も介入できることではありませんし、介入すべきことでもないでしょう。しかし社会保障が国家によって維持されている以上、それが成り立つような経済合理的な制度構築をするしか、対処法がないと思うのです。

そして一人で生きていきたい人は、その人のために国家が年金という形で給付できるように応分の負担を求めるだけですから、なんらの強制でもないと思います。そして一人っ子も同じで、不足分は税という形で納付してもらうというだけです。人生の選択は個人の判断ですが、その責任も個人が応分に負担するというメカニズムとなります。

日本の場合、少子化を抑制しようとすれば、どうしても結婚奨励策になります。しかし賢明な読者の皆様はすでにおわかりのように、ここでの主張は、これまで結婚を前提として組まれていた社会システムを、逆に個人の選択を前提としたシステムに変えるということであることに気づかれていると思います。結婚の強制なんて“やなこった！”という言葉も聞こえてきます。誰も強制するつもりはありません。個人の選択を尊重するために、結婚しないで年金が維持できるシステムを基盤にし、将来の年金保険財政に貢献できる分だけを減税で対処しようということです。

③子どもを産んでくれる「誰か」

今の年金財政などが財政的に持続可能になっていない最大の理由は、結婚を前提とし、「誰か」が子どもを産み、育て、次世代を育成してくれるだろうというところの、「誰か」がいなくなったということにあります。まさしくコモンズの悲劇で「誰か」に依存していた環境が維持できなくなったのです。

かつて定年制度ができた時代、定年年齢は平均余命よりも高かったといいます。つまり高齢従属人口に関してはその社会的負担をあまり考える必要がなかったのです。そして年少従属人口も現在ほど高い教育が求められていたわけでもなく、その意味では学費負担をはじめ現代ほど負担がなく、年少従属人口の社会的負担もそれほどではなかったといえます。それが急速に高学歴化が進み、学費負担が増えるとともに、その投資に見合った収入が期待できなくなりました。

現在の高齢化は、それに対応するために単純に就業年齢を延ばせばよいというものではなくなっています。高齢問題の難しさの一つが、子どもに比べて高齢者は実に個人差が大きく、一律に対応できないという点があります。高齢者の中には、65歳であっても健康上の理由で正規労働に耐えられない人もいれば、75歳になっても耐えられる人もいるわけで、その個人差を一律に制度化することは非常に難しいといえます。

また技術の進歩などの要因もこれから社会のあり方を大きく変えていくと思います。ICTをはじめとする技術革新によって、機械の補助をうけて高齢者が社会貢献できる機会も増えています。これが大きなブレイクスルーの一端を担うであろうこと、そして高齢社会における希望であることは事実です。技術というものの特性で、進歩すれば進歩するほど利用者が使いやすく、表面的には簡単に使えるようになってきます。

しかしそれでも、多くの高齢者はこのような技術革新についていくことが難しい現状にあります。さらにやはり生物学的な老化という問題があり、後期高齢者に関していえば、個人差が激しく、すべての人が社会に貢献できるような労働力として働くことを前提とできるわけではありません。

その一方で女性であれば、75歳の後期高齢者になってからでも15年以上の余命があり、男性でも11年以上あります[17]。その余命を社会が支えることが必要です。もっといえば、男性でも平均寿命が約80歳、女性では約87歳でさらに延び続けている人生90年時代に、65歳定年を前提とすれば、浪人もせず、大学を卒業して、大学院に行かず、順調に最短コースで社会人となったとしても22歳から65歳までの43年ほどしかフルタイムで経済的に貢献できる期間はありません。仮に比較的健康な高齢者が多い70歳までを定年としても、48年です。この43年から48年で人生90年を支えるにはどうしたらよいかを考えなければならないのです。単純にいって、自分の収入の半分を貯金か年金という形で貯蓄しない限り、「誰か」がいない社会では独身生活は維持できないということになります。

個人の選択権の問題は、このような財政負担の問題と裏表の問題にならざるを得ないでしょう。その中で、「誰か」のいない社会はどのようにしてこれを支えればよいのでしょう。そして「誰か」がいない以上、選択の責任も個人に帰すしかないというのが論理的結論になります。

前置きが長くなりましたが、これからお話しするのは、ここでいう「誰か」をつくるにはどうしたらよいかということです。これまで現代人の価値規範である「合理的規範」にしたがって、個人の選択を前提として、年金財政を支える税制をつくり、経済合理的な制度設計をする必要があるのです。

これから、なぜ日本の少子化対策が結婚奨励策にならざるを得ないのかを考え、そして経済合理的な税制誘導による結婚奨励策に加え、もっと情緒的な環境整備の検討をしてみたいと思います。

④日本における少子化対策がほぼ結婚奨励策にならざるを得ないこと

結婚奨励策といえば大きな反発が出ると思います。しかし日本の場合、婚外子比率は全出生のわずか2.1%程度でしかありません。2008年のデータでは最も高いスウェーデンで54.7%、ヨーロッパで婚外子比率が最も低いカトリックのイタリアですら17.7%ですから8分の1以下で桁が違います。そして日本の場合、既婚者のTFRはほぼ2あり、置き換え水準に近くなっています。つまり結婚さえすればある程度の確率で、出生が期待されうるわけです。

この単純な事実だけでも、日本での少子化対策が結婚奨励策にならざるを得ないというのは数字で裏づけされた事実です。これまで、経済的な合理性に基づいて制度設計をすることで少子化対策をするという提案をしました。結婚している女性のTFRは2程度あることを考えれば、結婚すれば大幅減税をする正当な理由があることになります。そこで、「結婚の強制なんて真っ平ごめん」という意見が出るかもしれませんが、これは決して強制ではありません。むしろ独身で一生涯をすごす個人を前提として制度設計するというだけです。

こういう制度設計をすれば偽装結婚が増えるという、批判も出てくるかもしれません。しかしそもそも偽装結婚とは何でしょう。この場合、滞在資格を得るために法の網の目をくぐるようないわゆる偽装結婚ではありません。嫌いではないけれども、さまざまな障害があって、これまで踏み切れなかった人たちの結婚を後押ししてあげるだけです。日本人の場合、燃え上がり恋愛をした末での結婚ではなくとも、おそらく制度的に結婚してさえいれば子どもを産むことに大きな障害はあまりないと考えられるのです。

言葉を換えれば、「一人箸では食えないけど二人箸なら食えるという」状況を税制の面でつくるということになります。情けない話ですが、「一人では生活できないから結婚しようよ」というのがくどき文句になるぐらいの状況が想定されます。

そしてこの問題に本質的に回答するためには、欧米と違って、日本人はなぜ結婚しないと子どもを持たないのかという問いに対しても答える必要があります。現在、特に北欧などに範をとって、女性の社会進出を促進することと少子化対策を同時に推進しています。これは、経済的な選択権を女性がより強く持つということである程度の効果はあるかもしれませんが、歴史的に家族制度が違う日本では、女性の社会進出を後押しするだけでは北欧ほどの効果は出ないのではないかと想像します。その理由についても後でお話したいと思います。その前に、経済的に合理的な制度設計に加えて必要となる情緒的な対策について考えていきたいと思います。

⑤少子化対策と「おばあさん仮説」

松井孝典・東京大学名誉教授は、アメリカの進化生物学者であるG. C. ウイリアムズの説を引き「おばあさん」の存在ができてから人類の人口は急速に増えたのではないかと述べています。これは「おばあさん仮説」[18]として知られているもので、生殖能力を失った女性が孫の世話をすることで人口増加が始まったのではないかというものです。

人類はそのほとんどの期間、狩猟採集生活を送ってきました。つまり常に移動を繰り返しているわけで、実は子どもを産むということは非常に大きなリスクを伴うものであったと考えられます。そして、すべての生物のうちで人間の赤ちゃんほど無力なものはないのではないでしょうか。草食動物のほとんどは生まれて数時間で自力で立ち、歩行を始めます。しかし人間の場合、約１歳になるまではほとんど付きっ切りで世話することが求められます。この世話をしながら、移動するということは非常に難しいようです。

実際、ミトコンドリアDNA分析の方法を確立し、人類の系統を現存するDNAと化石人類のDNAを比較する方法を発見した、ブライアン・サイクスの『イヴの７人の娘たち』[19]によれば、かつての人類は決して強い野生生物ではなく、豹などの餌食になることも珍しくはなかったようです。そして、子どもを産んだ、つまり乳幼児期の死亡を免れた女性で長生きしてもその死亡年齢は37歳程度を想定しています。なかなか「おばあさん」にはなれなかったし、運よく「おばあさん」になれても、孫の世話ができるほど長生きしていなかったようです。

やはり寿命が急速に延びるのは何らかの形で半定住が始まって以降のようです。特に農耕が始まれば、個体の栄養状態は低下し、多少でんぷんに偏りすぎた栄養とはなりますが、安定的な食糧の確保が可能になり、ある程度の定住が可能になります。そして、狩猟や移動に伴うリスクが低下することで、さらなる寿命の延びが起こったと考えられています。その結果、生物の中で最も世話の必要な弱い存在である赤ん坊を世話してくれる人ができたということです。

実際、日本の少子化の背景には人口が都市に集中し、核家族化し、地方に高齢者だけが残されているという背景があります。2020年の統計によれば、全国平均のTFRが1.33であるのに対し東京のTFRは1.12と非常に低くなっています。婚姻率は全国平均の1,000人当たり4.3に対し東京は全都道府県で最高の5.5である[20]にも関わらず、最も低い出生率となっているのです。年齢構成からいっても若者が集中している東京の婚姻率が高いのは理解できます。しかしこれまでの論述の中で、日本の少子化の原因が結婚しないことと主張してきたのと矛盾が出てきたように思います。

全国の統計で見れば、結婚している人のTFRは２程度ありますから、おおよそ置き換え水準を達成しています。しかし、東京の統計値は、結婚しても地方から出てきた若い人たちが血縁も地縁もない中で、子育てができない状況にあることを明らかに示しています。

歴史人口学的に見れば、実は都市というものは人口の墓場ともいわれ、人口圧力の調節機関としての役割を持っています。この分析も非常に興味深いのですが、話が枝葉にそれるのでまたの機会にしたいと思います。

ここでわかることは、最も若い人口が集まる東京で子どもを産んでもらうためには、税制を元にした経済合理的な対策だけでは不十分で、その他の対策が必要となるということです。言葉を換えれば、都市には若い人たちにとっての「おばあさん」がいないということです。そして「おばあさん」の機能を公的に担う「保育園」や「学童保育」が未整備だということです。

しかしこれらの制度を拡充するだけでは問題は解決しません。子どもを保育園に預けたことのある人は、実感を持って理解してもらえると思いますが、運よく保育園に預けることができたとしても、子どもがちょっと熱を出すと保育園では預かってくれません。そして会社はそのことを理解してくれないのです。

これまで、近代社会は労働年齢（経済活動年齢）の時期においては労働だけに専念するように人生のライフスタイルを切り分け、それを制度化することで成り立っていました。しかし、寿命の延伸に伴いこのような切り分けが妥当性を失っているのではないでしょうか。現在の私たちにとって労働年齢であっても、自分の時間のすべてを会社に労働時間として捧げなければならないという現代産業社会の規範を支える環境が変わってきていると思うのです。

少子化対策をするためには、いかに「おばあさん」の役割を担う社会的な制度を構築するかということが求められていると思います。これも前に述べた「誰か」の問題で、これまで血縁上の「おばあさん」だけに押し付けられてきた負担を社会でいかに負担するかということが、求められてきているのだと思います。

そしてその対応はこれまで近代が「非合理」として切り捨ててきたことが、実は合理的だったのではないかという問いとなると思いますし、そしてそれは結果として情緒的な対策になるのではないかと思います。次に、具体的な提言と日本人がなぜ結婚しなければ子どもを産まないかについてお話ししたいと思います。

■ 7-4. 近代の「合理性」とその限界

女性の社会進出は、これから労働力がどうしても不足してくるなかで、絶対に必要なことでしょうし、その能力の活用なくして、高齢化の中で活力のある社会を構築することができないというのは、当然のことといえると思います。

しかしこれが女性の出産に結びつくためには、また別の支援が必要です。出産は生物としての人間の身体によってどうしても規定されます。やはり20歳代の妊娠・出産が生命科学の視点からすれば望ましいということはどうしようもない事実でしょう。人口問題の難しさの一つが生命としてのヒトと社会的存在として人間を上手く調和させなければならないという点にあるように思います。

近代社会は、生命としてのヒトという観点をできるだけ意識しないようにしてきました。近代化の中で、病院で出産し、病院で死亡するようになりました。そうすることで、人間にとって避けようもない、生と死を間近で直接経験するということから切り離し、生命の縛りを意識せず計算可能な範囲で何でもできるような幻想を与えてきたのです。近代化の特色の一つが、いろいろな事象を切り離し合理化することだと思いますが、少子化という現象はこの「ツケ」が回って来ている現象であるともいえます。

女性にとって20歳代に出産をすることが望ましいとしても、その時期は特に大学教育を受けた女性にとって、その仕事のうえでのキャリアを築く基礎となる時期でもあります。多くの女性にとって、高校や大学を卒業してからの数年間で、仕事の経験を積み、恋をし、結婚やさまざまなことをまさしく綱渡り的に器用に対処することが強いられるのです。

これはかなり過重な負担を女性に強いるものでもあり、社会としてもその対策を考えなければならないと思います。生命としてのヒトを前提として考えるなら、結婚・出産を終えてからでも、キャリア形成ができるように社会制度を変えていかなければ、女性の社会進出が少子化対策として機能することはないのではないでしょうか。

その意味では、近代産業社会が前提としてきた、若年人口が増大した形で供給され続けることを前提とし、その最も生産性の高い時期だけを切り分けて使うということができなくなってきているということができます。言葉を換えれば、その生産性を支える「誰か」の存在や「何か」がなくなってきた中で、その生産性を支える「誰か」を前提とするのではなく、社会として考慮に入れていかなければならなくなってきたということです。平たくいえば労働と私的活動の明確な切り分けがそろそろ維持できなくなってきているのだと思います。

7-5. 情緒的な対策とは

そこで、経済合理的な対策だけではなく、情緒的な対策が必要になってきます。これは、これまで近代がさまざまな前提の下で、「誰か」に押し付けてきた機能を、計算に入れざるを得なくなったということであり、人間の生活のほうに制度を合わせなければならなくなったということに過ぎません。

情緒的な対策というのは、一言でいえば社会が“おばあさん”の役割をみんなで担うことです。現在は保育園や学童保育といった形で、地方自治体などが中心となって、その役割の一端を担おうとしていますが、制度的にそのような整備をするとなるとその負担はかなり大きなものとなります。そして公的な機関がそれを実施しようとすると、コンプライアンスを重視する社会では「責任」が無限定的にそして無責任に問われ、制度化しようとすればするほど非効率となり、膨大な費用がかかることになります。

これに対する論理的な解決法は、切り離すのではなく、産業社会の中にその機能を組み込み、その働いているお父さん、お母さんの責任で、子どもの面倒を見ながら仕事をするということです。簡単にいえば安全だけ確保できれば子どもが職場で遊んでいる環境を許容することが必要だと思います。

かつて農村でも商家でも、女性は中心的な労働力でした。その中でも子どもが育てられたのは、働いている足元で子どもが遊んでいられたからです。そして病気などの場合には本当の「おばあさん」がその役割を果たしてきました。

女性を労働力として活用しようとし、さらに少子化対策をしようとすれば、おそらく近代が前提としてきた、「誰か」にただ乗りするのではなく、子育ての負担も、負担と感じないように社会が担うメカニズムをつくらなければならないのではないでしょうか。その意味では大企業であれば社内保育所の設置を義務づける、さらに中小企業に関していえば保育室の設置に対する免税措置や支援を行い、保育士の雇用を推奨するなどの対策が考えられます。

さらに、人口減少ということはこれから１人当たりの資産は増大します。そして住環境もこれまでのような狭小な住宅に住む必要がなくなるということです。その意味では人口減少を逆手にとって、二世帯住宅への補助金や税制優遇を行うということも、重要な政策となると思います。その意味では福田康夫内閣のときに打ち出された、200年住宅構想を推進し、資産としての家をつくり、そこに多世代が生活できるような環境をつくることも重要な政策になると思います。

これまでの保育園や学童保育の拡充というのは、私的な機能であり「誰か」が担ってきた機能を公的に制度化しようとしたことだと考えることができます。実際上からいえば、まだまだこれらの機能の拡充は必要です。しかし、制度化したものですべてをカバーしようとすると、費用はだんだん高くなっていき、現実的ではなくなります。

情緒的な政策というのは、それができるように制度的に支援することで、これまで「誰か」が担ってきた機能を再び、個人のそして民間に、生活の中に組み込んだ形で担ってもらうということです。言葉を換えれば、制度を個人の生活のしやすさのほうに合わせていくということです。簡単にいえば、同僚や自分の子どもが職場で足もとを走り回っていることを許容できる社会をつくることになると思うのです。もしこれを先進国である日本で実現できたら世界に先駆けた画期的な政策となると思うのですが、いかがでしょうか。

かつてのような人口構造を前提とできない以上、このようにある種、公私混同というか、高齢者や女性、はたまた男性でも部分的にでも関われるところで関わっていくような、働ける人がその条件に応じて社会に貢献できるような制度を構築していく必要があると思うのです。その意味ではもう少し暢気な社会をつくる努力をしなければ、生物としてのヒトと近代規範に縛られた現代人との葛藤の中で結局、日本から人がいなくなってしまうような気がします。

■ 7-6. 日本ではなぜ極端に婚外子が少ないのか　歴史的な人口安定化メカニズム

日本と北欧では家族制度の考え方が違うので、単純に女性の社会進出を推進するだけでは、十分な少子化対策にならないと主張してきました。

これは実は日本の歴史が人口圧力との戦いの歴史であったことと深く結びついています。かつて沖縄の与那国島に「くぶらばり」という制度がありました。これは妊婦に「くぶらばり」といわれる海辺の深さが20mほどもある幅２～３mほどの裂け目を飛び越えることを強いた制度だといわれています。これは与那国島に課せられた過酷な人頭税を避けるための人口調整メカニズムだといわれています。

今も残る七五三のお祝いも、数えの３歳、つまり満年齢で１歳から２歳までは、育つかどうかわからない、または口減らしとして、生まれたすぐの子を間引いてしうことも多く、その年齢に達し育てることを選択され、そして育つであろうということがほぼ確実になるまでは、氏神様に子どもとして報告しなかった制度の名残だともいわれているのです。

日本のように中緯度の国では、熱帯アジアのように出生が感染症で相殺されるほどの高い死亡率ではなかっただろうと想像されています。その意味では潜在的に高い人口圧力にさらされ続けていたわけです。日本はモンスーン気候にあることもあり、米作を中心とした文化を構築しました。

コメという作物は、労働投入による生産の弾力性（つまり手間をかければ生産性が上がるという性質）が非常に高い作物です。１ha当たり、粗放で特に水管理もしないで生産した場合、わずか600kg程度しか生産できないものが、水田をつくり、施肥をし、水管理をきちんとすれば、その10倍の６t（トン）から８tほども収穫できるのです。

耕地面積が限られている中でその人口を維持しようとすれば、生産性を上げるしかありません。そのようなコメの持つ性質が、棚田を築かせ、耕して天に至るという日本の中山間地の農村の風景をつくっていったのです。

コメの生産に依存している日本の伝統的な社会においても、新田開発や技術革新が起こり、その生産能力が拡大したときには、一過的に豊かになると思いますが、すぐに潜在的な人口圧力がそれを埋めてしまうことになります。

日本の歴史人口を切り開いた速水融や鬼頭宏らの研究は、日本の人口の歴史を明らかにし、私たちの祖先がどのように生きていたのかを教えてくれます。その全容をここでご紹介することはできませんが、一ついえることは日本は家を経済単位として生きてきたこと、家の数以上には人口を扶養できなかったということはいえそうです[21]（図）。

つまり新田開発などで、生産性が上がったときにはおそらく分家が進み、家の数が増えたのです。

言葉を換えれば家の数＝人口（家の数と人口が比例していた）と考えることができるのです。そして地主の本家筋から分家が進み、最後にはいわゆる自分の土地を持たず小作だけを行う、農業労働者であったり、自作農で

江戸期の人口

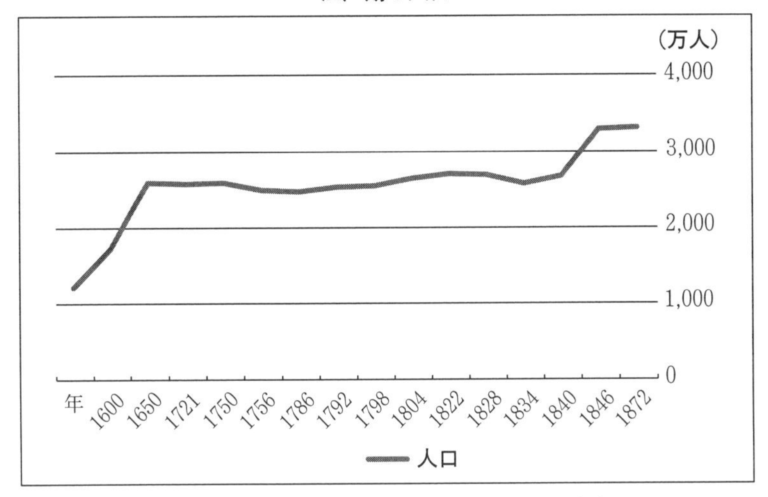

出所：https://ja.wikipedia.org/wiki/江戸時代の日本の人口統計

あっても生きるだけで精いっぱいで蓄財などの余裕はまったく持てない状態になります。

そして歴史人口学の教えるところによれば、貧乏人の子沢山ではなく、貧乏人は子どもも持てなかったことがわかっています。日本の場合にも少なくとも3つぐらいの地域による特性があるようですが、西日本の場合であれば、貧しい家庭の夫婦は、多くの場合、運よく分家を相続できたとしても、若い頃口減らしをかねて、都市に奉公に行っていた場合が多く、当時の出産適齢期を過ぎてからの結婚で、実際的に妊娠そのものがあまりなかったと想定されます。そうすると当然いわゆる絶家となりますが、家制度の中で家（経済主体）を守るために、また本家筋から同じような人たちが降りてきて、家を維持していたようです。

これは、上は天皇家から始まって、下は小作農まで連綿と続きます。簡単に35年で世代が交代するとして、いま出会った2人のご先祖様の数は950年程度で1億3,000万人を超えます。日本のように基本的に人口移動のなかった島国ではおそらく1,000年もさかのぼれば誰でも親戚ということになり

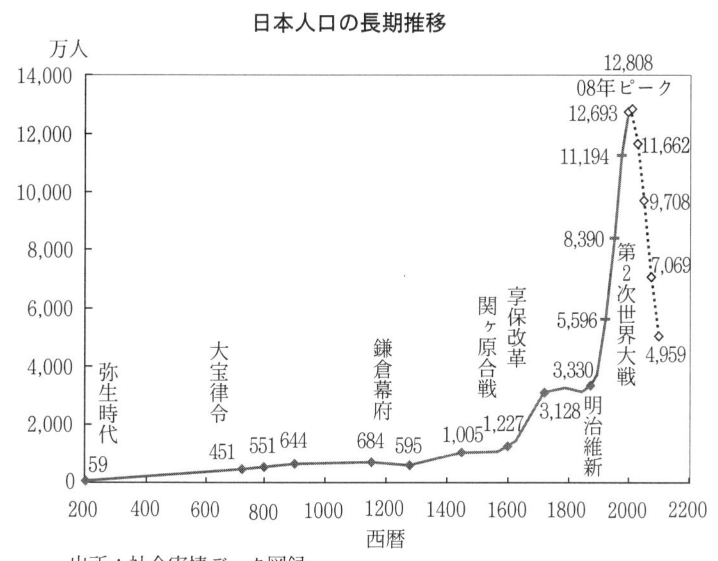

出所：社会実情データ図録
http://www2.ttcn.ne.jp/honkawa/shushi.html

ます。人口統計的に考えれば、戦争中のキャンペーンであった「天皇の赤子」はあながちフィクションではないということになります。日本の神道が天皇家を中心とした信仰の体系となっていることもあり、日本人はどこかで遠い意味での家族という意識があるのかもしれません。

このような関係の中で、家という経済主体に制限される形で日本の人口は維持されてきました。自然の出生に任せればあっという間に食べられなくなってしまうので、家（イエ）という制度を使って人口の安定化メカニズムが構築されてきたのです。

ここでいうイエは、これはかつて考えられていたような、単系のイエだけを示すものではありません。天皇家から小作農まで、その末端の経済主体であるイエが絶家すれば、本家筋からそのイエを維持する人材が送り込まれるという構造になっており、日本全体がイエの連鎖ともいうべき社会構造を持っており、それが維持されてきたということになります。

前述したように末端のイエほど絶家しやすい構造を持っています。西日本と東日本では対処が異なっていたようですが、西日本の場合、都市への奉公がこの人口抑制メカニズムをつくり出していたようです。具体的にいえば、まず長子以外は一種の口減らしとして都市へ奉公に出ます。当時の都市は、農村に比べ感染症が発生しやすかったばかりではなく「江戸わずらい」といわれた脚気のような一種の生活習慣病も多く、奉公という形で過酷な出稼ぎに出たまま都市で死亡した割合もかなりの割合に上ったようです。

また末端のイエは経済力がありませんから、できるだけ長い期間にわたって都市で働くことを余儀なくされます。したがって運よく奉公から戻ってきても婚期を失って出生に至らない場合も多かったようです。

東北地方であれば長男だけが結婚を許され、次男以下は長男が死亡した場合の予備として、結婚も許されず、労働力とされていたようです。愚かな行動を意味する「タワケ」という言葉があるように、農業で生きて行こうとすれば田んぼを分けると、その土地で誰も食べていくことができません。逆にいえば、ある一定の面積の田畑があれば、一定規模の人口は扶養できたわけです。つまりその地域でイエを維持するためには、一定の人口規模を何が何でも守らなければならなかったのです。そのため長子相続というメカニズムの中で、長男だけが特別待遇で、次男以下を差別する社会的価値観を構築するしかなかったのでしょう。このような差別を制度化するメカニズムを徹底することで、当時の高い死亡率の中で相続の可能性を高めるとともに、一定の人口規模だけを維持するメカニズムがイエとわかちがたい形で徹底して人々の価値観の中に刷り込まれていったといえるようです。

いずれにしても、一定の扶養力しかない中で、イエという経済単位を維持するために、さまざまな文化的メカニズムを利用して出生抑制を行い、一定の規模の人口を保ち、社会を維持してきたと考えられているのです。

つまり、日本の場合、「イエ（家）」が人口調整の基本的なメカニズムとして機能してきたのです。今でも普通の結婚式であれば「××家」「○○

家」結婚披露宴なんて書いてありますよね。結婚という制度と「イエ（家）」という制度が今なお日本人の中には深く結びついているのです。

今の結婚の1/4ぐらいがいわゆる「できちゃった婚（授かり婚）」だという統計があります。言葉を換えれば子どもができてしまえばそれが逆に結婚を後押ししているわけです。そして若い人たちも周りの大人も比較的自然にそれを受け入れています。その意味でも日本人にとって結婚と出産というものは深く結びついているし、それはおそらく数百年以上にわたって営々と引き継がれてきた慣習や価値観でそう簡単に変わるものではないでしょう。

ここでは、結婚がどのような形であるかについての議論はしませんが、現実的に考えると結婚以外の出産は女性に過酷な負担を強いることは明らかです。一人では子どもはできないのですから、「責任者出て来い」といいたくなるのですが、婚外子を持っている女性の負担は非常に大きなものとなることは残念ながら事実です。結婚というのは社会制度として男性の責任を明確にした制度で、男性からすれば「責任者は私です」と宣言していることになります。

現在、恋愛の姿も、生き方も多様化しており、どの生き方が正しいということはいえませんが、女性にとってやはり結婚してからの出産のほうが圧倒的に安心感があり、負担が少ないというのは事実ではないでしょうか。

かつてのようにイエに縛られる必要はまったくないと思います。しかし少子化対策をしようとするのであれば、女性が子どもを心理的にも経済的にも産みやすい環境をつくっていくしかありません。その環境をつくるうえで、やはり結婚という制度は重要であるといえるのだろうと思います。そして“おばあさん”の機能を担う保育園や託児所の整備が不可欠ということになります。欧米と異なり、日本の場合にはその歴史的な背景からも、結婚が最も有効な少子化対策となるのではないでしょうか。

7-7. 日本の社会の在り方　近代から新しい時代へのパラダイム転換

ここで提言してきたことは、近代が人口増加を前提として築き上げてきたさまざまなパラダイムに対するアンチテーゼとなってしまいました。しかし、人口の急減が社会に大きな負担を強いることを緩和し持続可能な社会をつくる時間を見出すためには、このような人口の変化に合わせて社会制度を変えることが求められているといえるのではないでしょうか。

人口構造が高齢化する中で、すべての人がそのできる範囲で、その能力を使って社会に参画することが求められると思います。これは言葉を換えれば、第二次世界大戦後の復興期の日本が享受したような人口ボーナス型の人口構造を前提として構築された雇用の形、つまり9時から5時までオフィスに出てきて100%その能力を会社のために捧げ、女性は家庭で男性のそのような活動を支えるという、贅沢が許されなくなってきたのだと思います。

新型コロナウイルス感染症（COVID-19）の世界的蔓延によって図らずも明らかになりましたが、現代におけるICTの発達は特段オフィスにいなくとも、ホワイトカラーの仕事ができるようなりました。このICTの発展は仕事の在り方を大きく変えています。この在宅労働などの新しい形の労働をいかに適切に評価するかという難問はあるのですが、現実として別にオフィスで仕事しなくてもよいようになってきているのです。

これから日本の社会が目指すべきは、一人ひとりがその可能な範囲で社会に貢献できるようなシステムの社会だと思います。そのためにはもう少し、女性が子どもを持ってもいいな、持てるなと感じられるような、生物としての人間の性質に社会制度を合わせる必要があるのではないでしょうか。

前に述べましたが、子どもが職場で走り回っていてもそれを許容するような社会的な寛容性、平たくいえばもう少し「のんきな」社会を、最先端のICT技術を使って実現することが必要だと感じているのですが、いかがでしょうか？

続いて、人口問題の性質をあらためて確認してみて、それから環境問題と人口、労働問題と人口など各論に入っていきたいと思います。

8
人口問題の性質

さて、これから人口問題とその関連領域に関する検討に入っていきたいと思います。その前に、現在の人口問題への取り組みを概念的に整理しておきたいと思います。

8-1. 人口問題　ミクロアプローチへの転換

人口問題は広い意味での人口と環境、そして貧困との関係から始まったといえると思います。マルサスの『人口論』[22]に示された有名な懸念、「人口増加が幾何級数的増加であるのに対し食糧生産は算術級数的にしか拡大できない結果、そのまま放っておけば必然的に人口が食糧生産を上回り、飢餓を生み出す」が人口問題に対する最初の問題意識でした。

その頃の世界人口はわずかに10億人ほど。現在の８分の１程度だったのです。現在人口分野におけるアプローチは1994年の国際人口開発会議（ICPD）から、個人の選択と健康を重視するものとなっています。これは人権意識の高まりとともに対処がマクロからの視点ではなく、ミクロからの視点に移ったことを意味しています。当然のことですが、人口問題の対象も、人口問題の政策をつくるのも人間です。ある人間が他者の権利を侵害してよいという論理的な根拠はありえず、特に途上国の増え続ける人口を先進国が、数字だけを根拠に、抑制しなければいけないということに対する反発がそこにあったことも容易に想像できます。しかし、ミクロにおける最適化だけで、全体の問題解決ができるかといえば、そうではありません。ミクロの集積は、往々にして全体的な視点を見失い、手段が目的と置き換わった結果、全体的な意味が見失われることも多いようです。このように、部分において最適なことの集積が、全体において最適になるとは限らないことを、経済学では「合成の誤謬」と呼びます。

8-2. 合成の誤謬としての人口問題

①人口問題は「合成の誤謬」がもたらす課題　ミクロの集積≠マクロ

実は人口問題とは、さまざまな意味で典型的な「合成の誤謬」がもたらす課題ということができます。人口が問題となる場合、その原因においても、対処においても「合成の誤謬」という視点を十分に意識することが必要です。少し詳細に説明していきます。

例えば人口増加や少子化を考えてみましょう。経済的な要因だけに還元できるわけではありませんが、例えば人口増加している国々においては子どもを持つことの機会費用が少ない割に、子どもを持っていることによる機会収入が多いという場合がほとんどです。機会費用、機会収入というのは聞き慣れない言葉ですが、かかると想定される費用、将来的に得られると思われている収入と言い換えてもよいかもしれません。

つまり、人口の増加している多くの途上国では、経済もあまり発達しておらず、その経済も伝統的な産業中心である場合が多いといえます。つまり、子どもに対する教育投資などもあまり必要ではなく、子どもがいれば何らかの収入をもたらす可能性が高いという社会です。そのような社会では当然制度的な社会保障もほとんど発達していません。子どもがいなければ自分の老後を支えてくれる者はいないという状況に置かれるわけです。

逆に、日本など少子化の進んでいる国々は逆の関係にあります。子どもの将来を考えれば莫大な教育投資が必要になりますが、それが将来の収入を約束するとは限りません。むしろ多くの場合、現実的に考えて投資したほどは返ってこないと漠然と認識されています。また経済成長の結果、社会保障制度が構築され、伝統的価値観や血縁などの紐帯に頼らなくても、生活していける環境がつくられています。

このような中で、人口の増加している国々では個人レベルでみれば、子どもを持たないことが非合理であり、人口減少を起こしている国々では子どもを持つことが非合理になってきます。

よく開発論で、経済が発展すれば出生転換するので、まずは開発が先だという議論がありますが、これが決して万能薬でないことがこの分析からわかると思います。つまり、経済発展によって出生が低減されるためには、社会の構造が変わり、子どもへの投資がなければ子どもの将来がないような社会にならない限り、黒田等が想定したような形で、つまり経済発展が出生転換を進展させるとは限らないのです。

この典型的な例が西アジアの産油国です。非常に高い１人当たりGDP（国内総生産）を持っていますが、それは内発的な発展によってなされたものではなく、石油などの資源によってもたらされたものであり、人々の価値観を変えるものではありません。逆にお金があれば子どもを持っても負担と感じないわけですから、子どもの数を減らす要因にはなりません。

かつてのフィリピンなどでも所得の高い家庭のほうが世帯当たりの子どもの数は多かったのです。そのような国で出生率が下がっているのは人々の価値観が変わって希望子ども数が変わった結果というよりは、結婚できない人口が増加した結果であったり、都市部での生活、つまり生活するのに現金への依存度が高い生活を強いられる中で、あまりお金がないから結果として子どもが産めないという事例のようです。

途上国の場合であれば、一人ひとりの生き残り戦略の結果、たくさん子どもが生まれると、結果的に教育も十分に受けられない人口が増加することになります。多くの場合、健康状態や栄養状態も十分ない中で育つと身体的にも健全な人口ではなくなる可能性があります。特に受胎後1,000日間の栄養の不足は、決定的な悪影響を与えることが立証されています。仮に、国際社会の援助などがうまくいき、教育もあり、身体的にも健康な世代が育った場合であっても、そこに適切な雇用を与えることは決して容易なことではありません。

「アラブの春」に見られるように、人口ボーナスと同じ人口構造で若者が多くても、雇用が確保できなければ、いわゆる「ユース・バルジ」という社会的な負担となります。知識を持ち、身体的にも健全な若者が職にあぶれるということは、不満の蓄積を生み体制批判につながり、その社会の不安定化につながります。

そして先進国の場合であれば、一人ひとりの合理的な選択の結果として子どもを持たない状況が続けば、その前提である社会保障を担う担い手そのものがいなくなるということを意味し、社会保障の根幹が揺らぐことになります。このように個人にとって最適な選択をした結果、それが集合することで、社会にとって不利益を生み出します。人口問題はこの「合成の誤謬」の典型的な問題としてとらえることができるのです。

もう一つ例を挙げてみましょう。例えば、直近のマーケティングを行う場合に人口構造の変化を考慮する必要はありません。しかし、20年もたてばターゲットの大きな変貌に驚いてしまうのです。つまり少なくともさまざまな条件を捨象しわかりやすくしたミクロの集積はマクロにならないことは理解しておかなければ大きな陥穽に陥ることになります。短い時間幅では定数とみなすことができたものが実は変数であったということでもあります。これを避けるためには適切にミクロの問題をマクロの視点にあてはめることが必要になります。

いうまでもないことですが、ほうっておいても一人ひとりの個人は自分の人生を最適化するための努力を行います。その集積が全体の最適化とならない場合に、その集積が全体の最適化をもたらすように介入するのが政策介入の目的ということができるのです。

②マクロの視点の中の人口

ここで人口問題への取り組みという点からマクロとミクロの関係を考えてみましょう。

現在の人口プログラムへの対処を決めた1994年の国際人口開発会議(ICPD) 行動計画にはこのような視点が盛り込まれていたと考えています。この会議は1992年の国連環境開発会議（UNCED）の成果を受けて、国連主催の人口会議の名称として初めて開発という言葉が入りました。この開発は経済開発や人間資源開発にとどまらず、持続可能な開発にその焦点があったことは、明らかです。そしてそのことは全体の方針や考え方を定義する、「序文」や「原則」に明示されています。

しかし、それまでのマクロ的なアプローチに対する反発、人権概念が強化されていく中で、このようなバランスの取れた視点が見失われていったように思います。そしてあまりにミクロの改善に力点が置かれた結果、経済開発が出生転換を引き起こすということが所与の条件のようになってしまい、なぜそうなるのかという議論が忘れさられてしまいました。

現在、マクロの視点を達成するために、個人に焦点を当てたミクロな視点である「強者が弱者の基本的人権を侵害することはあってはならない」という意味での“権利に基づいた対処 (Rights Based Approach)”が取られなければならないというのが国際開発における共通の合意であろうと思います。しかし現実的に考えたとき、これが、“健康になることは権利であり、それが果たされなければならない”という議論の実現可能性に直接結び付くかといえばそうともいえません。

例えば先進国も少子高齢化によって財政負担の増大にあえいでいる中で、途上国の人々の健康を確保することが権利であり、その費用は先進国が負担するべき義務であるという論調に、先進国の社会は耐えられるでしょうか。権利が守られなければならないという意見に総論で賛成しても、では“誰がそれを負担するんですか”という問いが出てきたときに先進国の人たちが“喜んで負担します”となるかという問題です。簡単にいえば総論賛成・各論反対という状況になってしまうのではないでしょうか。

一般に権利と義務は対概念です。普遍的な権利とみなされる人権であっても、権利が確保されるためには、全体でみたときにその裏付けとなる費用負担（義務）が必要になります。一般的に権利は法的に国家の強制力によって保障されない限り意味がありません。その強制力が政治的なものであれ、経済的なものであれ、軍事的なものであれ、具体的な力がなければ、権利というのはただのプロパガンダになってしまいます。

人権は神から与えられた、もしくは普遍的な権利ではないか、という意見もあると思います。しかし戦争が起きれば簡単にその人権は踏みにじられます。飢餓の中で餓死している子どもたちの人権はどのように守られるのでしょうか？　これまで“人権とは何か”という議論はほとんどなされてこなかったと思います[23]。フランス人権宣言でもアメリカの独立宣言でも、“神から与えられた”という言葉でそれ以上の議論はありません。国連の世界人権宣言でも“人権及び基本的自由の普遍的な尊重[24]”といわれているだけで根拠は示されていません。

その意味で、法的な強制力を有しないからこそ、その理念が主張されることはあっても確実に守られるわけではない、ということになります。そして、先進国が財政負担にあえいでいる中で、かわいそうという同情、人権だからという価値観だけではその負担を支えきれないと思います。そこに必要となるのは、資金負担をしていく意味、つまり子どもや孫の世代の人類の未来を奪わないために共同で対処しなければならないという認識を確認する必要があると思うのです。

人口増加の問題であれ、少子化の問題であれ、いずれの場合であっても、個人の置かれた状況における合理的な選択が集合した結果、非合理を生み出しているのです。そして途上国の人口転換を安易に経済開発に頼ることの難点も明らかになると思います。

そして、人口問題が「合成の誤謬」からもたらされる課題であるとすれば、この問題に適切に対処するためには、数字だけに依存し、数値目標を中心としたマクロ的な分析だけでも、個人の生活の改善だけに注目したミクロ的なアプローチだけでも不十分なことがわかります。その両面からのアプローチとその融合が不可欠なのです。

「合成の誤謬」についてもう一つだけわかりやすい例を挙げてみましょう。私たちが町を散策するときに使う地図は、四角ですよね。２万分の１の地図程度の地図であればその多くはユニバーサル横メルカトル図法が使われています。しかし、地球の直径を１m程度で表わす場合、四角い地図にすると北極と南極が大きく歪みます。その理由は簡単ですよね。もともと球体のものを面に表す場合にひずみが生じるのです。ではなぜ２万分の１の地図は四角でいいのでしょうか。それも簡単ですよね、２万分の１の地図であればそのひずみが非常に小さいので、直線であらわしてもほとんど問題がなく、作成上便利だからです。

しかし本当に正確な２万分の１の地図をつくろうと思えば、その縮尺率に合わせた球面に地図を張り付けるしかありません。そうであれば地図をつなぎ合わせれば巨大な地球儀ができるはずです。

そうはいっても現実的にはそんなことはしません。四角い地図をつくって、全部を合わせて“あれ、合わないぞ”となっているのです。これは人口問題も同じで、短い時間で考えたり、ミクロで見たときには誤差であり、捨象するほうがわかりやすくなるものが、それを集積したときに巨大な変数となってしまうことを意味します。

繰り返しになりますが、人口問題そのものがそのような性質をもった問題の典型です。直近のマーケティングを行う場合に人口構造の変化を考慮する必要はありません。しかし、20年もたてばターゲットの大きな変貌に驚いてしまうのです。つまり少なくともさまざまな条件を捨象しわかりやすくしたミクロの集積はマクロにならないことは理解しておかなければ大きな陥穽に陥ることになります。これを避けるためには適切にミクロの問題をマクロの視点に当てはめることが必要になります。

③マクロな視点、ミクロな視点、そして層の視点から見た人口

前述の通り現在の人口プログラムへの対処を決めた1994年の国際人口開発会議（ICPD）行動計画には、このような視点が盛り込まれていたと考えています。

しかし、すでに述べた通りそれまでのマクロ的なアプローチに対する反発、人権概念が強調されていく中で、人口分野においては、このようなバランスの取れた視点が見失われていったように思います。そしてあまりに個人の価値観に依拠したミクロの改善に力点が置かれた結果、それまで議論されてきた環境負荷の問題や、社会経済開発と出生転換の問題などが中心的な議論から外されてしまいました。

その理由としては環境や貿易などがそれぞれの国連専門機関でその関係者で深い議論がされる中で、ONE UN（一つの国連）の旗印のもと、重複を避ける努力が行われた結果、人口分野に残されたのがリプロダクティブライツの延長線としての女性の選択権と家族計画を含むリプロダクティブヘルスになってしまったということが挙げられます。

しかしこの女性の選択権の問題も国連に国連女性機関（UN Women）が設立され、人口分野だけの独自性を主張することは難しくなりました。さらにリプロダクティブヘルスはもともとWHO（世界保健機関）で提唱された概念であることから、医学的な対処が基本になります。その意味では人口分野の国際機関が優位性をもっている分野ではありません。

SDGsに人口の目標がないということは、人口は達成するための手段ではなく、そのすべての人口が人間としての尊厳をもって生きることのできる社会こそが、持続可能な目標であるからだと述べました。つまり人口が社会そのものであるならばすべての要素は人口に関わります。同時に人口プログラムだけが持つ優位性を明確にすることは難しいということになります。

後述しますが具体的に人口プログラムが他の分野に比して優位性を持つのは、家族計画や性教育などの普及を通じた“望まない妊娠の予防”です。子どもへの対処や、飢餓への対処、そして難民などの対処もそうですが、すべて起こってしまったことに対する対処であり、本質的な問題の解決にはつながりにくいことはあまり意識されません。人口問題への対処として

“望まない妊娠の予防”ができれば、子どもの問題にも、飢餓の問題にも、難民の問題にも大きく貢献することができます。

人口問題への対処は、起こったことへの対処という事後への対処ではなく、起こる前に行う対処という事前への対処であり、さらにその対処がなされることで多くの地球規模的な課題を解決に向けることができるという、優れた特性を持っているのです。

ICPD以降、人口分野の活動家たちが中心的な課題として唱道してきた“女性の選択権の確保”の文脈の中で“意図しない妊娠の予防”も“望まない妊娠の予防”を達成するために非常に重要ですが、意図した妊娠だけが望んだ妊娠かというと、そうではないと思います。意図した妊娠だけが望んだ妊娠というのは、あまりに近代的な合理性に人間を還元しているのではないでしょうか。

何度も出てくる1994年の国際人口開発会議（ICPD）で人口問題への取り組む理念や方法について世界が合意しました。人口を単なる数字としてとらえるのではなく、その対処も個人の尊厳をいかに確保するかに焦点が移りました。数字で表される人口そのものは、結果であるという、パラダイム転換が起こったのです。

そこでは、ICPDの事務総長を務めたジョティ・シャンカー・シン元UNFPA事務次長をはじめとする当時のUNFPAの職員の獅子奮迅の努力で、実に慎重な協議が行われ妥当な結論が導き出されました。しかし、この懸命の努力で構成された「行動計画（ICPD-PoA)」は、その後、各分野の活動家によって、自分たちの理解したいように理解され、その拡大解釈が行われ、冷静な、論理的な、問題を解決に向けるような議論は失われてしまいました。そして妊娠中絶の問題を典型的な事例として、今なお、国際的に合意に至っていない分断を生み、悲劇を生んでいます。

いずれにしても、人口問題がこの地球の上で人類が増加を続ければ生きていけないという問題意識から始まったことをあらためて確認し、具体的な対処としては、一人ひとりの権利を尊重し、尊重できる環境を構築し、各個人の健康や生活改善を果たしていかなければならないということが、マクロの視点とミクロの視点の妥当な一致点となると考えています。

④合成の誤謬としての人口問題と政策

人口問題を合成の誤謬の問題としてとらえた場合、政策的介入がどのような点で必要になるのかがはっきりしてきます。いうまでもないことですが、一人ひとりの個人は自分の人生を最適化するための努力を行います。その集積が全体の最適化とならない場合に、その集積が全体の最適化をもたらすように介入するのが政策介入の目的ということができます。

⑤人口問題の多層性と「層」の理論

このようにミクロ最適の集積がマクロ最適にならないということが、人口問題であるといえます。同時に、このような個人や社会の選択の問題と同時に、人口問題がまさしく人類社会の問題そのものである以上、その問題は物理的な地球環境の問題から個人の価値観の問題まで多層にわたることになります。具体的には地球の上で人類が増加を続ければ地球環境を破壊し人類社会そのものを崩壊させるという問題意識から、性的嗜好のような個人の価値観の問題までを考えていかなければならないということになります。

したがって、持続可能な開発の視点から人口問題を解決しようとする場合には、人口問題とそれを取り巻く問題を階層的に考えていく必要があります。そして階層的に考えていく場合にそれぞれの関係性が問題となりますが、近代科学では要素還元主義ともいえる考え方が基調にあってその分析が進められてきました。しかし、この分析方法は実はさまざまな分野の成果を活かすうえであまり適切な方法ではありません。方法論的な議論は捨象しますが、各分野の学問成果の活用を容易にするためにも本書では、「層」という考え方を採用します。

これはマイケル・ポラニーという科学者・科学哲学者によって提示され

たものです[25]。筆者なりに整理して簡単に述べれば、下位（より物理的な）階層の条件は、上位（価値観などの個人の意識）を制限し、上位の層は下位の層を制御するという考え方を取ります。

具体的にはどう考えたらいいのでしょうか。ここでは「層の理論」の考え方を簡単に示すために、公団住宅の例を挙げたいと思います。公団住宅の基本的な間取りはほぼ同じで、その制約を超えた自由度はそこの住人にはありません。その意味ではその生活は公団住宅の間取りで制限されます。しかし、同じ間取りであっても同じ部屋は二つとありません。そこの住民の価値観や嗜好でそれぞれの部屋は彩られ（制御され）ます。このように下位の層は条件として上位の層の在り方を規定しますがその使い方は上位の層である住人の意思によっていかようにも変わります。

公団住宅をつくっているコンクリートも同じように考えることができます。その構成物質である砂や石灰などの物理的な制約を超えたものではありませんがコンクリートをどのような形にするのかは、つくり手の意思になります。

この「層」の考え方は当たり前といってもいいほどわかりやすい考え方だと思います。そしてこの「層の理論」に準拠すれば、それぞれの層ごとに観察すべき法則性や原理が異なるということになります。そして、上下の層はそれぞれに固有の法則性に基づきながら相互作用することになります。この理論は要素分解して還元してその組み合わせですべてが説明できるとする近代科学的な要素還元主義に対する方法論的なアンチテーゼでもあり、それぞれの層の依拠する要素の法則性を尊重し、その学問的成果の連携を図るうえでも有用な考え方だと思っています。

実は、これまでの記述も還元主義的な方法に基づいたものではなく、このような要素間の相互作用に対する理解に基づいて分析してきました。以下では人口問題の全体像を見るために、人口問題を取り巻く問題を階層化し、テーマ別に考えてみます。

人間社会が地球環境の制約の中にあり、その環境制約を超えて人類社会を維持することはできません。そこで最初のテーマは地球環境と人口です。

9
地球環境と人口

実はこの地球上で人口が無限に増え続けることができるなら、別に人口問題を扱う必要はないといえます。現在主流になっているアプローチのように、その生活の質だけを問えばよいといえます。その意味で人口問題の本質を理解するためにも、地球環境と人口問題について整理しておく必要があります。地球にとって人口とは何なのかまず考えてみましょう。

9-1. 地球の生命圏とは

この問題に入る前に私たちが生きている地球がどのようなものか確認してみましょう。理解を簡単にするために地球を1,000万分の１に縮小してみましょう。地球の円周の長さは約４万kmと考えてよいので、直径は約１万2,700kmといえます。これを1,000万分の１にすると1.27mで手を広げたぐらいの大きさです。そして、空気のほとんどが存在している対流圏の厚さは１㎜、大洋の深さは0.5㎜にしかなりません。つまり、漆黒の宇宙にこの両手を広げたぐらいの大きさの青い惑星が浮かび、その表面、わずか１㎜と0.5㎜の世界にほとんどすべての生命が生息していることになります。

9-2. 地球にとって生命とは

人口問題が生命としての人間の問題であることに異論のある人はいないと思います。人口＝人類は生命の種としてのヒトの数のことであり、生命として存在していることが前提です。それでは地球と生命の関係を簡単に考えればどのように理解できるのでしょうか？

経済人類学などでは、経済を非常に広くとらえます。ほぼ生命活動と同義といってよいほどの広い視野からとらえています。その考え方によれば、経済とは太陽から入ってきたエネルギー[26]と夜間に放射され放出されるエネルギーの循環と大きくとらえられています。

地球を1,000万分の１にすると

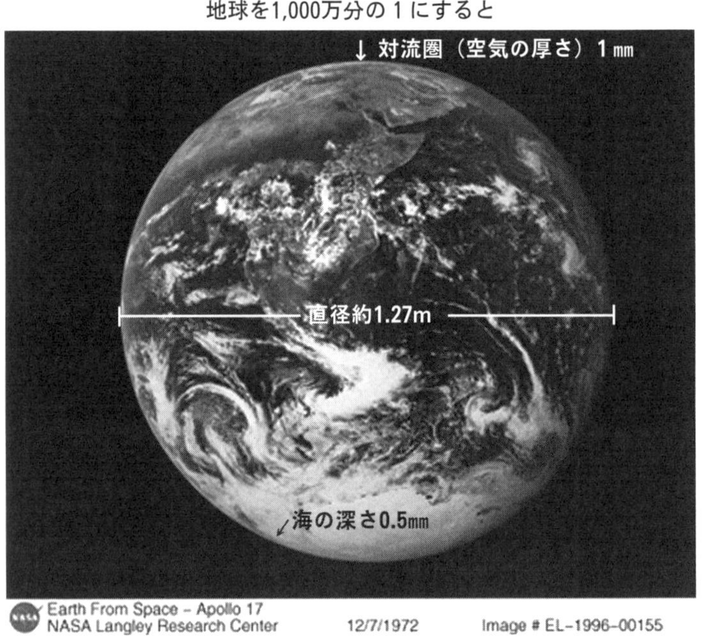

実はエネルギーはそれだけではなく、地熱＝位置エネルギーが蓄積したもの[27]、原子力（核分裂）＝重力エネルギーの塊[28]、など太陽以外のエネルギーもあります。最初の生命はおそらく深海のチムニーと呼ばれる熱水の吹き出し口で生まれたのではないかと考えられ、生命の起源には地熱や核分裂によるエネルギーが大きく関わっていると考えられます。しかし現在の生命圏を考えてみた場合、その活動のエネルギーのほとんどは太陽からのエネルギーであるということがわかります。

太陽エネルギーは変動し、それによって気候変動なども引き起こされますが、いずれにしても、この太陽エネルギーが生命圏を形成し、その生命圏の一部として人間が存在するということに異論ある人はいないと思います。この生命圏の活動エネルギーが太陽であるということから、地球温暖化なども説明することができます。

例えば、太陽エネルギーが入るだけで、外に出ることがなければどうなるでしょう。あまり意識されていませんが、地球の周りはほぼ真空です。実は地球は魔法瓶の中に入っているともいえるのです。つまり熱伝導のような形で熱が外に出ていくことは基本的にありません。地球から熱が出ていく方法は、可視光などの高エネルギー電磁波で入ってきた太陽エネルギーが、いったん地表や海水にあたり、いろいろな形で利用されたり、変化したりして、結果として赤外線という可視光よりも低いエネルギーの電磁波に姿を変え、輻射という形で宇宙空間に放出されています。

この赤外線は、二酸化炭素（CO_2）やメタン（CH_4）があるとそれに吸収され再放射されて結局は戻ってきてしまい、外に出られなくなってしまいます。

地球温暖化の原因となりうる要素としては大きくいって、太陽のエネルギー放出の変動とこの地球に入ったエネルギーが赤外線で宇宙空間に放出されにくくなること、さらにこれまで化石燃料として地球内に取り込まれていた太陽エネルギーが短期間で放出されることの３つがあります。一般に環境問題としての地球温暖化は後者の、人間がつくり出したエネルギーの宇宙空間への放出の阻害と、これまで化石燃料として地球内に取り込まれていた太陽エネルギーの短期間での放出を指しているのです。人間は関わっていませんが、これが極端に起こっている例が金星です。金星の大気はCO_2を主成分としているため、熱放出が起こりにくく、その結果、地表温度が460℃を超えるという環境を形成しています。

地球の創成した頃、太陽も若く、現在の70％程度しかそのエネルギー放出がなかったと考えられていますが、原始大気の主成分がメタンなどであったため、その高い温室効果で地球の気温が生命の発生を可能にする温度に保たれていたと考えられています。

地球は普通思われているよりもかなり激しい、気候変動を経験しています。地質年代における、地球の寒冷化は、陸地が形成され、地殻の変動などで大気と結合していない地層が生み出され、それとCO_2が結合し、CO_2濃度が下がったことで、地球からの赤外線によるエネルギー放出が増えるというプロセスを経て、寒冷化が生じたと考えられています。

その最も極端な例がスノーボールアース（全球凍結）[29]といわれるもので、地球全体が凍結し、平均1,000mの氷で覆われたと考えられています。また論理的な推測に過ぎませんが、植物が生まれ、還元性の大気から酸化性の大気になったときも、寒冷化したかもしれません。この変動は非常に鋭敏なもののようで火山の爆発によってもその変化が観測されるほどのものです。

つまり地球環境はまず基本的に、この太陽エネルギーの熱収支（入ってくるエネルギーと放射で出ていくエネルギーのバランス）で成り立っており、それはおそらく非常に微妙なバランスのうえに成り立っているらしいということを確認しておきたいと思います。つまり、地球にとって生命とはこの微妙なエネルギー収支の中でその生存を許されている、かすかな存在、非常に脆弱な存在であることがわかります。

9-3. 地球規模での制約：環境的な制約条件の確認

では私たちはどのくらい地球でその存在を許されるのでしょうか。

ハーバード大学のE．O．ウイルソンの著作 *“Diversity of Life”* によると、すべての生命を集めてもその重量は地球の重量の100億分の１程度だそうです[30]。地球の比重をもとにざっと考えると1.27m直径の地球であれば、わずかに“まつげ”100本分を撒いたのが、動植物、細菌を含めたすべての生命の重量であると考えられています。その重量の中に人間が入ることはいうまでもありません。言葉を換えれば全体でまつげ100本分しかない生命の存在の中で、人間活動が増えれば増えるほど他の生命の存在を奪っているともいえます。このことを少し考えてみましょう。

生物学には種全体の重量（Species ton）という考え方があります。これは生物学上の「種」の総重量を考えるものです。この種の重量として人間に匹敵するのは、南極オキアミという南氷洋のヒゲクジラ類の主食となっているエビみたいなものです。

出所：https://commons.wikimedia.org/wiki/File:Antarctic_krill_(Euphausia_superba).jpg

生命の世界では、小さいものほど多いという法則があります。人間は南極オキアミに比べてずいぶん大きいですよね。これだけ個体の大きさに差があるにも関わらず、その種全体としての重量が同じであるということは、生物の在り方として考えたときに、人類は明らかに異常に多いといえるのです。

そして、今、種の中で一番重いのは牛といわれています。人間が飼っている家畜が一番重く、次に人間が重い。これは、人間がこの地球の中で自然界の比率から考えたらありえないほど存在していることを示しています。

これを生物学者に教わったときには驚きました。

このような制約条件を前提として考えたとき、地球の中で、地球環境に影響を与えない形で人間がどれくらい住めるのでしょうか。マービン・ハリスという人類学者の計算[31]によると約2,000万人といわれています。松井孝典・東京大学名誉教授の計算では、約1,000万人です[32]。おそらく人類という種はその歴史の中のほとんどの期間、全地球で100万人から200万人しかいなかったのではないかと考えられています。

現在、世界人口は80億人を超えていますから、現在の人口は生態系から見たときに相当に異常だということがわかります。この異常な人口規模だけでなく、産業革命以降の人類による化石燃料の利用はより深刻な状況をつくり出しています。人間の活動は自然界のエネルギーの流れを１～100万倍に加速させており、明治以降の150年で「人新世」（後述、116頁）といわれるように、地質年代の１億5,000万年に相当する変化を与えているともいえるのです。

バックミンスター・フラーが提唱したように、人口問題をマクロで考えるということは、この地球を宇宙に浮かぶ船、つまり宇宙船地球号ととらえるということであり、この限られた条件の中でどう対処しなければならないかという問題である、ということがわかると思います。

9-4. 地球環境へのインパクト

そして、この人口の環境へのインパクトはポール・R・エーリックらによって提出されたＩ＝PATという簡単な方程式であらわされます。これはＩ：Impact（環境負荷）＝Ｐ：Population（人口）×Ａ：Affluence（豊かさ）×Ｔ：Technology（技術）を表します。つまり環境負荷は「人口」と「豊かさ」と「技術」の積であるということです。現在、環境技術が注目されていますが、熱力学の法則からいっても、この環境の与える負荷が１より少なくなることはないと考えられます。つまりいくら技術が進歩しても、人間活動を行えば行うほど環境が改善されるような夢の技術はありません。そして地球の環境が受け止められる環境負荷の限界が決まっているということを考えれば、Ｉ＝PATの公式は、負荷が一定のゼロサムゲームだということがわかります。つまり人類がこの地球で生きていくことを考えるならば、ある一定以上の負荷を超えることはできず、その中で割り振りを考えるしかないのです。

地球に人間が介在しないでも、太陽からのエネルギーの変動などにより全球凍結のような過酷な気候の変動は起こります。しかし現代では、100年程度の短期間を考えた場合に、自然の影響よりも人間活動が与える影響のほうが大きいことがわかっています。地球が実は寒冷化に向かっているという知見もあり、温暖化なのか寒冷化なのか議論を整理することは容易ではありません。

人口問題もそうですが議論が混乱する第一の原因は時間の幅をどう取るかによって、問題となってくる要素、つまり主たる変化の要因として＝変数としてとらえなければならない要素が変化することにあります。つまり議論がかみ合わないまま議論しているのです。現実的に環境の問題を考えるとき、人間活動が与える影響がきわめて大きいことがわかります。

次に人口が環境に与える影響と環境が人口に与える影響について考えてみましょう。

10 人口が環境に与える影響

10-1. 気候変動の非人為的要因

地球環境が非常に脆弱な基盤の上に成り立っていることを前章でご説明しました。地球を直径1.27mの球だと考えれば、海の深さは0.5㎜、対流圏の高さは1㎜に過ぎません。どれほど希薄か、ある程度のリアリティをもってご理解いただけると思います。

このように脆弱な基盤の上に成り立っている地球環境ですから、何らかの要因があれば大きな変動を起こします。そして人類はその変化の要因をすべて知っているわけではありません。そのためいろいろな意見が存在しますし、それぞれの人がさまざまな主張をしています。地学に関心がある方なら、人類の活動以前からこの地球環境（気象）が変化していたことをご存じだと思います。極端な例では、地球は先カンブリア紀の22～24.5億年前と6.35～7.3億年前の少なくとも2度にわたって、赤道までが凍結する全球凍結を経験しています。そして氷河期といわれる寒冷な時期と間氷期といわれる温暖な時期を繰り返してきています[33]。

わずか1万8,000年前の最終氷期には、現在よりも海水準は120mも低く、多摩川は東京湾に滝のように流れ込んでいたと考えられています。

日本の縄文時代が1万4,000年ぐらい前から始まると考えられていますから、縄文人は大陸からナウマンゾウを追って日本列島に渡ってきたのかもしれません。そして逆に6,000年前の縄文海進といわれる時期には、現在よりも海水準が2～3m高く、現在の群馬県館林市の近くまで海が入り

縄文海進の関東地方

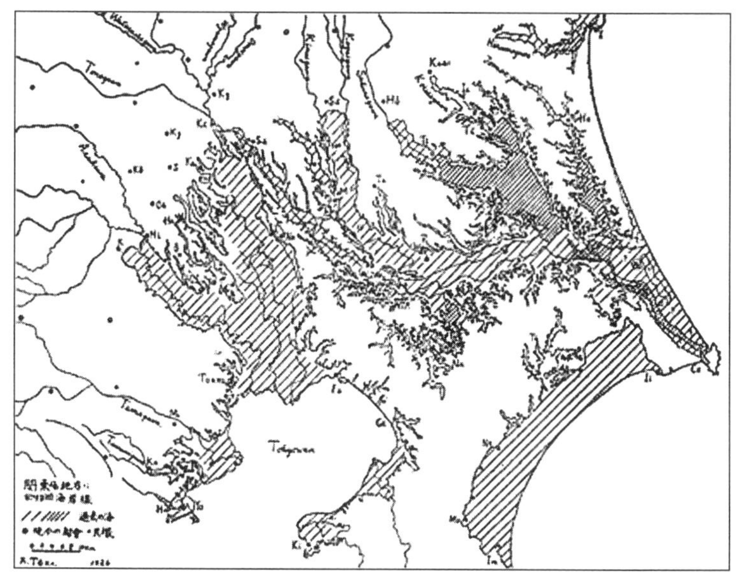

出所：東木龍七（1926）:「地形と貝塚分布より見たる関東低地の旧海岸線」、
『地理学評論』

込んでいたようです。[34]

アトランティスの伝説もあながち空想ではなく、その頃の海水面上昇に伴う大災害を伝えたものかもしれません。

このような変化がなぜ起こるのかについては諸説あります。一般的なのが、太陽の活動が周期的に変化することに伴って気候変動が生じるというものがあります。また地軸の揺らぎが一定の周期的な変動を引き起こすというもの。さらに最近出てきた学説として、地球の磁場が定期的に反転する際に、太陽風をはじめとする宇宙線を防いでいる磁場が一過的になくなり、宇宙線が雲などの発生原因となり、太陽光が十分入らなくなるなどの説もあります。さらに火山の大規模爆発が気候変動を引き起こすことは知られています。

気候変動に伴った人類の活動としてよく知られている例としては、北欧のバイキングなどが挙げられます。10世紀頃ヨーロッパの気候が温暖になり、人口が増加し、人々が移動を始めたようです。世界史の大事件の裏側には気候変動とそれに伴う人口の変化があったといえそうです。

このように人類が環境負荷を与える前から大きな環境変動は起こっており、環境問題に懐疑的な人々は、今の豊かな生活を犠牲にしてまで、環境問題に取り組む必要はないと主張します。しかし、地球の温暖化は進んでいます。地球環境のように非常に複雑な、そしてその原因となる要素がすべてわかっているわけでもない分野に対して、一対一で因果関係を明らかにするということは、不可能に近い作業です。そこで、科学的根拠がはっきりしない、また人間が活動を始める前から気候の変動は起こっていたということを論拠に環境問題への取り組みに反対する人たちもいますが、逆に関連性がないことの証明を反対論者が示しているわけではありません。

その意味では、気候変動のような多様な要素で構成されている現象に対しては、一対一の因果律を前提とした必然論で議論することはできず、蓋然性（可能性）が高いか低いかという形で議論するしかないといえます。

そしてこのような長期変動は別にして、図に示す通り[35]、近年の短期的な気候変動が人間の活動と深く関わっていることは、共通理解となりつつあります。

10-2. 気候変動の人為的要因

世界中の科学者がこれらの要因を検討しまとめた、『気候変動に関する政府間パネル（IPCC）第5次評価報告書』では、人為的な温室効果ガスが温暖化の原因である確率は「95%を超える」とされています。

IPCC評価報告書は、これまで継続的に議論された結果をまとめた報告書であり、現在世界で最も多くの学術的知見を集約したものとなっており、原因に関する議論が行われる場合も、これが基本文献となっています。

地球表面温度の変化（１月から６月）1880－2020

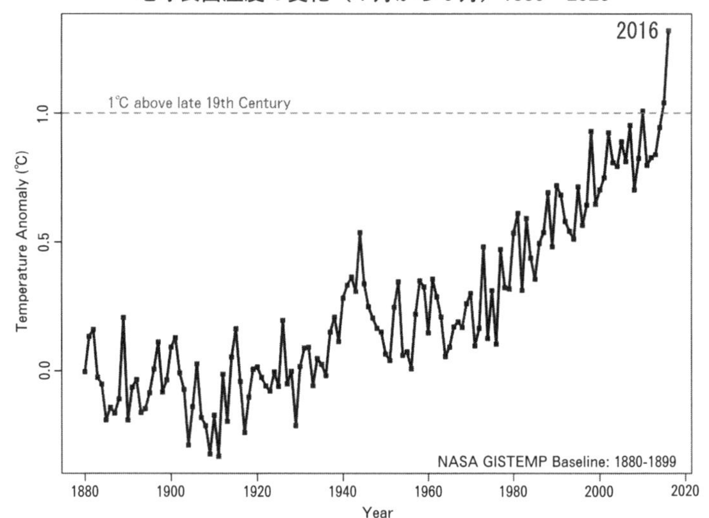

出所：https://www.nasa.gov/feature/goddard/2016/climate-trends-continue-to-break-records

そこでは、さまざまな要素が与える影響について多角的な検討が行われ、やはり人間の活動が大きな影響を与えていることが共通理解となっています。

この議論を行う場合に、国際的には「人口は問題ではなく、過剰な生産や消費が問題なのだ」という議論があります。そして先進国が温暖化の原因となるエネルギー消費を減らすことが、人口の安定化への努力より重要であるとしています。

確かに、アメリカなど先進国のエネルギー消費はインドなどの10倍に達していて、先進国の人口は10倍の負荷を地球環境に与えているということができます。その意味では、すでに説明したＩ＝PATは不変の真実だということになります。

次図は主要国の１人当たりの一次エネルギーの使用量とGDPの関係を著したものです。基本的に１人当たりGDPが高ければエネルギー消費も大きいことがわかります。

このように先進国がエネルギーを使用しながら豊かな生活を実現している中で、現実的に考えて、先進国の私たちがその生活水準を低下させることに同意するでしょうか。そして途上国の人々に今の生活水準を維持することを強いることができるでしょうか。私は、それはできないと考えます。そのような中で、私たちはどのような対策を取りうるのでしょうか。

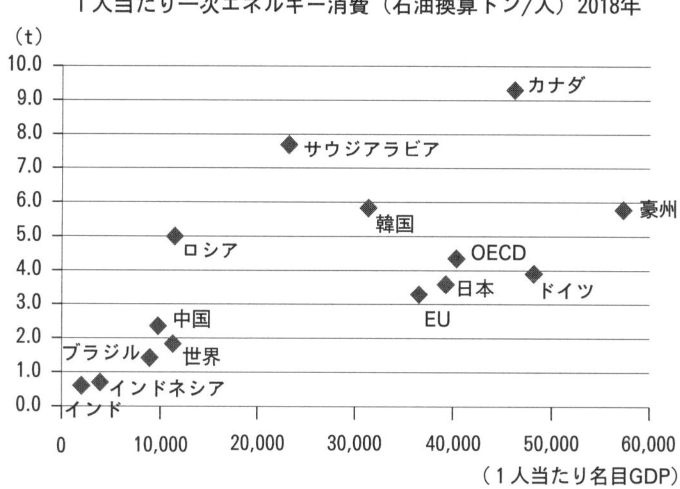

出所：https://www.enecho.meti.go.jp/about/whitepaper/2020html/2-2-1.html
（経済産業省資源エネルギー庁令和元年度エネルギーに関する年次報告」
（エネルギー白書2020）

まず人口の将来の姿を考えてみましょう。政策の基盤となる人口推計も、時代の変化にあわせて大きく変化していることはあまり意識されていません。

国連人口部による最も蓋然性が高いと考えられる中位推計の変化をもとに比較してみましょう。非常に高い人口増加率が予測されていた1970年代には、2050年に112億人、2100年に123億人と予測されました[37]。その後、人口プログラムの普及などもあり出生率の低下を反映し、予測は順調に低下を続け、2050年人口で比較すると1994年推計では98億人、1998年推計では

89億人と低下しました。[38]

しかし、その後、世界人口の将来推計値は上昇に転じました。2050年の推計人口は、2010年推計で93億人、2012年推計では95.5億人、さらに2015年推計では97.7億人と、1998年推計に比べ8.7億人も増加しています。さらに2100年の人口で比較すると、2010年推計では101.3億人であったものが2015年推計では112.1億人[39]と、わずか5年間でその推計値は10.8億人も増加しています。

この変化の主な理由は出生率の低下がこれまでのように進まないことと、各国で平均余命の延びが起こっていることとされています。この変化はわずかな統計上の変化で生じてくるもので、実は正確な予測は容易ではありません。このわずか40年の間に将来推計がまったく異なったものとなるほど、世界の人口の様相は大きく変化したのです。

開発努力が大きく貢献したことの証拠がここにあります。明らかに出生率と死亡率が低下したのですが、人口規模の安定化という観点からいえば、死亡率の低下の方が先に進み、平均余命が延び、世界人口が増大すると同時に、全体として高齢化が進むということになります。

高齢化が地球社会に与える負担の問題は非常に大きくなると考えられますが、この問題についてはまたの機会に考えたいと思います。

ここで注目すべきは、人口増加とともに世界全体で経済成長が起こっていることです。[40]

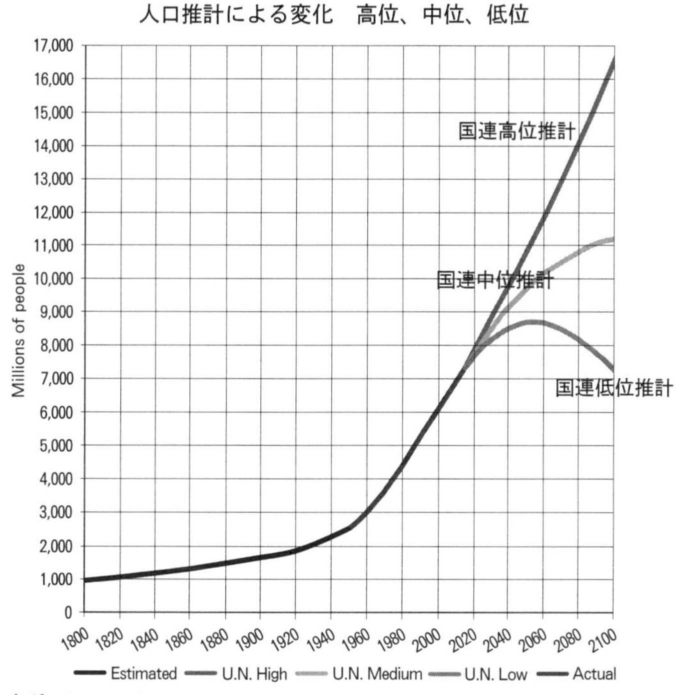

出所：https://esa.un.org/unpd/wpp/Download/Standard/Population/

経済成長がよくないという人はあまりいないと思います。世界的な高齢化が進むと述べましたが、高齢化するためには、栄養状態の改善、保健衛生の改善、医療の普及などが必要で、それを支える経済成長が達成されたことを意味します。その意味では、高齢化というのはこれまでの努力の大きな成果ということになりますが、地球環境への負荷という点から考えれば課題でもあります。人口増加と経済成長が同時に起これば、Ｉ＝PATのＰ＝人口が増加し、Ａ＝豊かさが増加するために地球環境への負荷は指数的に大きくなります。

内嶋善兵衛・お茶の水大学名誉教授・元宮崎公立大学学長の推計によれば、西暦1000年と、2000年のインパクトは要素の積を計算した乗数仮定に基づけば約47万7,000倍になっています。経済成長がこのまま進み、人口がこのまま増えると21世紀の半ばには100万倍になると考えられています[41]。普通に考えれば、このような負荷に耐えられるとは思えません。このような人間の活動は自然の変化の速さに比べてあまりにも速く、非常に長い時間を必要とする地質学的な変化に相当しています。著名な科学雑誌Natureに2020年には人間がつくった構造物の重量が全生物重量を超えたという報告がなされました[42]。このことに象徴されるほどの変化を与えているのです。このような変化をパウル・クルッツェンらは人類がつくった地質年代としてとらえAnthropocene（人新世）と呼ぶことを提唱しています[43]。

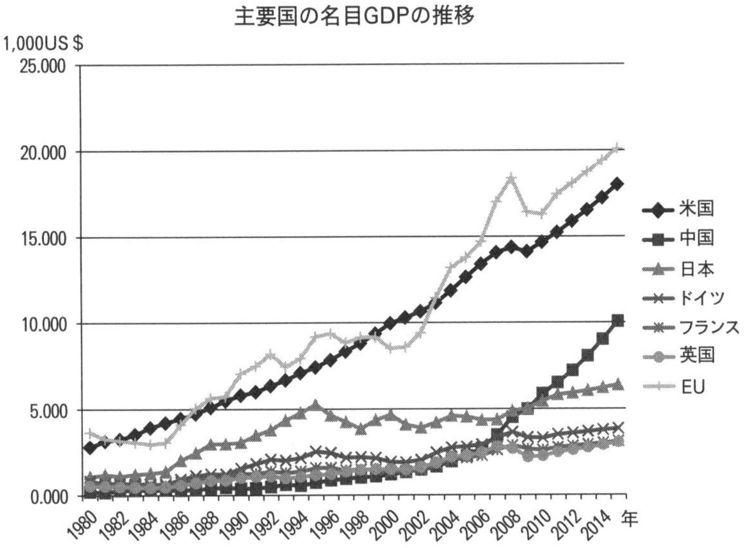

出所：経済産業省（http://www.meti.go.jp/report/tsuhaku2011/2011honbun/html/i1110000.html）

このＩ＝PATの方程式から考えれば、環境負荷を減らす唯一の可能性は、Ｔ＝技術の進歩です。

これを技術進歩によるデカップリングという言い方をします。つまり通常であれば経済活動が拡大すれば、それに合わせて環境負荷が増加していくものを、技術の発展によって減らすことです。技術進歩によって、人口と豊かさの拡大を吸収できるだけのデカップリングが可能になるのでしょうか？

次図にA、B、C、Dとありますが、Aの場合は既存技術で豊かさの上昇と併せて、環境負荷が増加するもので、BとCは環境技術の進展で負荷を減らすもの。Dは画期的な技術のブレイクスルーが行われ、豊かになればなるほど環境負荷が減るものとなります。

Aの場合には環境負荷という意味からいえば、人口増加との掛け算（積）になりますから指数的に環境負荷を増加させます。

B、Cが現在行われている努力で、豊かさは増えても環境負荷をそれほど増やさないものです。しかし、人口の増加に伴って環境負荷はその積で増えます。Dはまさしく夢のような技術で、エントロピーの法則から考えても、おそらくあり得ません。

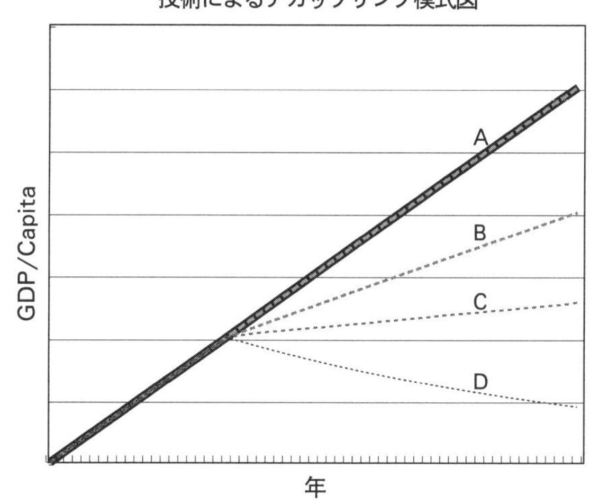

いうまでもなく、多くの技術者の努力でかなりの省エネが進んでいますが、いくら技術が進んでも、使えば使うほど環境負荷が減ることにはならないのです。もちろんまだまだ非効率な分野も多くあり、改善できる分野

も多々あります。日本はこの分野で先駆的な経験を持ち、今後も果たしうる役割は大きいといえます。しかし人口が増え、豊かさが向上すれば一般的には環境負荷は増大します。途上国でも豊かさが急速に向上しているということは、途上国が生み出す負荷も拡大していることを意味します。

かつて日本がリーダシップをとって形成した1997年の京都議定書では、地球温暖化防止に向け先進国の責任が強調されましたが、2016年のパリ協定では、途上国の責任も明記されました。つまり開発途上国には責任はないという議論はできなくなったのです。そして、日本をはじめとする先進国では高齢化が進展し、人口減少社会へと入っていきます。これは地球環境の保全という意味からいえば、逆説的ですが希望ともいえます。

人口と環境の問題が語られることが少なくなってしまいましたが、やはり大きな関係があります。そして、そのための基本的な対策が、1994年ICPD合意の中心である、家族計画を含むリプロダクティブ・ヘルス・サービスを誰でも利用できるようにする（universal access to reproductive health）ことであり、その結果として望まない出産を減らすことであることは、変わらない真実といえると思います。少子高齢化の議論も多くの場合、非常に微視的な視点で議論されることが多くなっていますが、もう一度マクロの視点から鳥瞰し、そこからミクロを議論することが必要ではないでしょうか。

この人口増加が持続可能な開発に与える最も大きな脅威は、今なお食糧安全保障の問題であるといえます。国際連合食糧農業機関（FAO）の推計によれば、世界人口に占める飢餓人口が1990～1992年に18.9％であったものが2014～2016年には10.9％へと低下し、過去25年間で最低になったことを踏まえ、食糧安全保障の達成可能性に関して楽観的な意見も表明され、食糧に対する不安が意識されることは少なくなりました。しかし人口の増加と豊かさの増大は、より大きな食糧需要を生み出し、大きな環境負荷を与えます。

この食糧生産を支える最も基本的な要素の一つが淡水資源です。淡水資源なくして陸上での食糧生産はできません。その意味で必須の要素です。そしてこの地球上にある淡水資源は、基本的に増えも減りもしません。しかしこの淡水資源が世界的に見て危機的な状況にあり、近い将来、食糧生産に大きなダメージを与えることになると予測されています。そこで次に、環境制約としての淡水資源と食糧生産について考えてみたいと思います。

10-3. 地球と淡水資源

淡水資源と食糧生産の議論を行うために、まず地球と淡水資源の関係について考えてみましょう。

この地球は美しい水の惑星だといわれます。地球表面の７割は海洋に覆われています。どのくらいの水があるのでしょうか？　地球を1,000万分の１に小さくして考えてみましたが、この1,000万分の１の地球の重さはどれくらいあるでしょうか。

地球は大きさの割に非常に重い天体で、その比重は5.54程もあります。鉄が約７ですからかなり重い天体だということがわかります。この重い天体だからこそ空気や水を引き止めておくことができます。1,000万分の１の地球の半径は0.635mですから、地球の体積は1.076㎥となります。これは面白いことにほぼ１㎥で、地球が水で出来ていればほぼ１tの重さですが、地球の場合は5.97tになります。その中で水資源の重量は約14.087gに過ぎません。イメージを容易にしていただくために1,000万分の１にしました。そうしてみると、地球は水の惑星というよりは水が表面張力で張り付いている感じだということがご理解いただけたと思います。

実際の存在量は21乗倍となり次頁の表の通りです。

水資源とその循環[44]

貯水空間	貯水量（$\times 10^6 km^3$）	全体に占める割合（%）	淡水資源に占める割合（%）	滞留時間
海洋	1,370.0000	97.252441		3200年
氷河など	29.0000	2.058628	74.9251	20〜100年
地下水	9.5000	0.674378	24.5444	100〜1万年
湖沼	0.1250	0.008873	0.3230	50〜100年
土壌	0.0650	0.004614	0.1679	1年
大気中	0.0130	0.000923	0.0336	8日
河川	0.0017	0.000121	0.0044	2〜6ヶ月
生物圏	0.0006	0.000043	0.0016	−
全体	1,408.7053	100.000000		
（淡水資源）	38.7053	2.747580	100.0000	
短期的な循環水	0.0803	0.005700	0.2075	1年以内

出所：http://www.physicalgeography.net/fundamentals/8b.htmlなど資料より

そしてその中で淡水資源はわずか2.75%に過ぎません。その75%が南極やグリーンランドの氷河の中に閉じ込められています。その中で1年以内の短い時間で循環している短期的に再生可能な水資源が食糧生産にはきわめて重要な意味を持っています。この短期的に再生可能な水資源が全体の水の存在量に占める割合は0.0057%、淡水資源に占める割合でみても0.2%に過ぎません。

この地球上にある水の量は基本的に変わらないと考えていいようです。もちろん地球が何かのカプセルに入っているわけではありませんから、地球から宇宙空間への放出はあります。また毎年約4万tの宇宙塵が降り注ぎ、同時に9万5,000tほど水素やヘリウムが逃げ出していると推計されています。ただ地球重量の10京分の1程度だということですから、短期的には無視して大丈夫といわれています。

この地球にある水はいうまでもなく循環しています。この過程は地表面や水面から直接大気中に戻っていく蒸発と植物などの根から吸い上げられた水が光合成プロセスなどを経て葉の表面の気孔から放出される蒸散に区分されますが、現実に区別することは難しいので蒸発散などとまとめています。

この空気中に蒸発散された水は上空で冷やされ、一種の蒸留水として地表に戻ってきます。このプロセスを水文学的循環といいます。この循環は想像以上に頻繁で、上記の表で大気中とあるものがそれに当たります。約8日で循環しているということは、1年間に45回ほども蒸発散、降水を繰り返しているということになります。

水は基本的にいろいろなものを溶かす能力を持っています。特に純度の高い水ほどいろいろなものを取り込む能力が高いといえます。そしてこの能力があるからこそ、大地のミネラルなどを取り込み、陸上だけでなく海洋における植物プランクトンの生存を支え、地球の生命を支えています。みなさんもカキの養殖のために漁師がブナの植林などを行うという取り組みを聞いたことがあると思いますが、カキが食物としている植物プランクトンに取り込まれやすい形で陸のミネラルを海に供給するためにブナの植林を行っているのです。

これは言葉を換えれば水資源とは汚れる資源であるということもできます。ほぼ蒸留水である降水の状態で降った淡水が陸上の塩類を中心としていろいろなものを取り込みながら最終的には海に流れ込んで行きます。その意味では大洋の塩水は何らかの形で陸上の塩類が集積したものといえます。この塩類濃度があまりに高いと浸透圧の関係もあり普通の植物では水を光合成に利用することができなくなります。そのため陸上での植物生産には淡水資源が決定的に重要となるのです。

熱力学の基本的な考え方にエントロピーの増大というものがあります。これは秩序ある構造から秩序のない構造に移行する過程をいいます。降水のような蒸留水という秩序だった状態がいろいろなものを溶かし込み、河口に至るまでにはかなりいろいろな物質を取り込み富栄養化します。これが多過ぎるとプランクトンが増え過ぎて赤潮を、さらにその結果として酸欠状態になって青潮などが発生することがあります。これもエントロピー増大の過程です。

エントロピー増大の法則というのは物理学の世界では最も基礎的な法則であり、それに逆行するためには、エネルギーの投入が必要になります。

地球の場合、大気中の水資源は、降水した後にいろいろな形でさまざまなものを取り込みますが、最終的には太陽からそのネルギーを与えられ、その熱や光によって蒸発散が生じ、それを通じてもう一度大気中に戻されます。それが上空で冷却され、再び降水するという水の大循環[45]と呼ばれる水文学的な循環を通してきれいな状態を維持しているのです。

このように地球全体の水の量が基本的に変わらない以上、持続的に利用できる水資源の量も基本的に変わりません。基本的に１人当たりの人間が利用できる水資源の量は、単純に人口で割ったものとなります。人口１億の時代に比べ、人口80億の時代は1/80しか利用できないということです。

地球温暖化によって蒸発散―降水の水文学的循環が活発になることで、利用できる水資源量が増えるという試算もありますが、これはまた別の機会に議論しましょう。

そして繰り返しになりますが、このきれいな状態の水、つまり淡水資源しか陸上での植物生産には利用しにくいのです。地球上の水資源の中の100万分の９ぐらいの資源しか利用できないといえます。しかし注意しなければならないのは、これが降水の総量であるということです。人間が利用できない砂漠などの地域への降水も含みますし、他の生物の利用する降水も含んでいるのです。

水文学者であるサンドラ・ポステルの推計によるとこの降水の３分の１強が河川や地下水となって利用可能な状態になります[46]が、当然のことながら、そのすべてを利用できるわけではなく、水生生物にとっては生活環境そのものとなりますし、人間がそれを利用しようとすればするほど淡水の生態系を脅かすことになります。

水の大循環

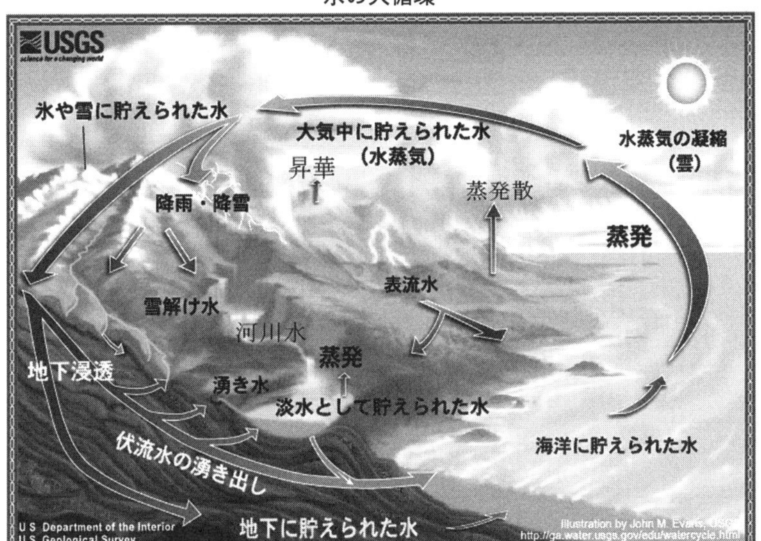

出所：John M. Evans/USGS-USA Gov, 翻訳：鈴木康、呉地正行、（雁を保護する会）

10-4. 人口と淡水資源

この水資源の分布と人口の分布はあまり対応していません。人口密度の高い中緯度地域は基本的にあまり降水が多い地域ではありません。そしてエジプトやメソポタミア文明の例を見るまでもなく、古代文明は乾燥地帯の大河の流域に発達しました。これは簡単にいえば降水した地域と利用している地域が違うということです。

エジプトのナイル川の場合、現在のエチオピア・アビシニア高原に降った雨が、青ナイルの洪水を引き起こし、エジプトで定期的に洪水となる結果、植物の成長に必要な栄養分が十分供給されるとともに、乾燥地帯で生じがちな塩類集積を洗い流してくれることで、持続的な単位当たりの生産性の高い農業生産を維持することができました。エジプトの例はまさしく例外で、多くの場合、古代文明は農地に塩類が集積し、農地の生産性が失われ、人口が扶養できなくなって滅びていったと考えられています。

これを現代においてまざまざと見せたものに、有史上最大の環境被害といわれるアラル海の事例があります。1960年頃までは世界で4番目の湖沼面積を誇ったアラル海は、綿花栽培のための灌漑による取水によって干上がってしまいました。もともと比較的土壌中の塩類濃度の高い地域に現金になる綿花を栽培するために、湛水させ、塩分を押し下げ、その間に綿花を栽培することを繰り返しているうちに、アラル海は無くなってしまいました。これは旧ソ連邦時代に行われた開発事業ですが、実は旧ソ連邦は水文学の発祥の地ともいわれ、水収支の研究などもきちんと行われていました。その意味ではアラル海がいずれなくなることを承知しながらも、現金にかわる綿花の魅力に勝てなかったようです。そして、日本の九州ほどの大きさのあったアラル海は実質上なくなってしまったのです。そして膨大な量の塩類集積が起こり、周辺地域の健康被害もひどいものとなっています。

アラル海のような水資源の枯渇に起因する環境被害は、特定の地域の問題なのでしょうか。下記の図で明確にわかるように、降水が多い地域と、

アラル海の変化　2000年から2013年[47]

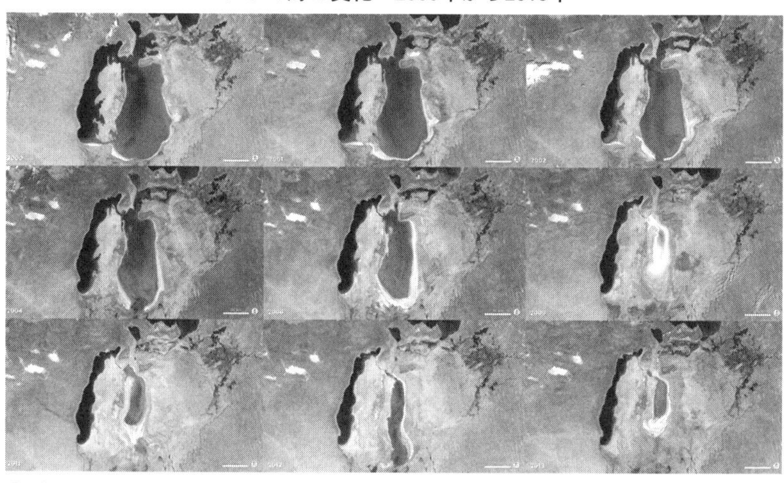

出所：http://svs.gsfc.nasa.gov/30165

人口密度が多い地域は少しずれています。水は重たい資源であるため、それを運んでくることは容易ではありません。人類史的に見ると降水の多い地域は感染症の多い地域であり、近現代になるまで歴史的に人口圧はあまり高くありませんでした。むしろ乾燥地域の方が感染症という点からいえば住みやすかったようです。このような理由もあり、古代文明は大河の流域の乾燥地域に発達したのかもしれません。

河川水を利用した灌漑などは基本的に高低差を利用して重力のエネルギーを使って水を運びます。古代文明を育んだ大河は自然にそのような条件を満たしていたといえます。しかし降水のある地域とそれを利用する地域が異なっている場合、重い水を重力に逆らって運ぶことは容易ではなく、基本的に人口密度の高い地域で、水ストレスが高まることになります。

世界の人口密度（NASA資料）[48]

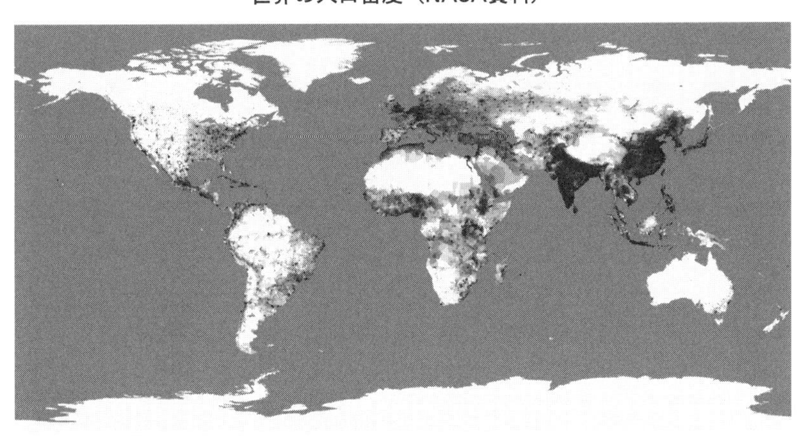

出所：http://neo.sci.gsfc.nasa.gov/view.php?datasetId=SEDAC_POP

以下は流出水量の多い地域と少ない地域を表した図ですが、大まかにいって降水量の分布と同じといえると思います。

平均年流出量（mm/year）のグローバルな分布（東京大学　沖、鼎研究室）[49]

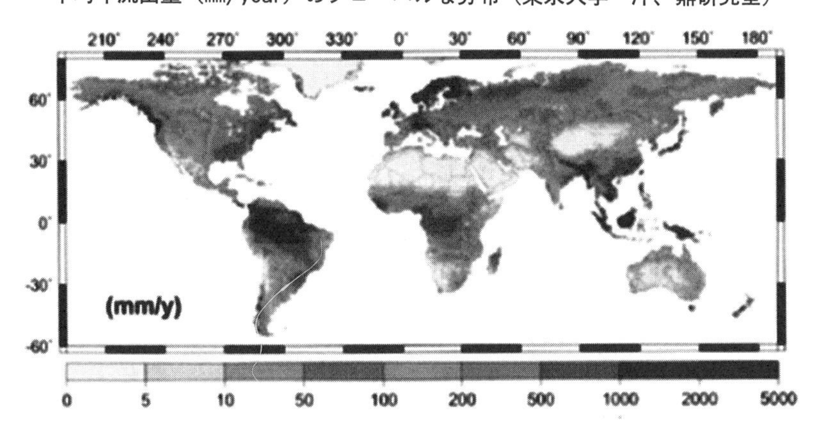

出所：沖大幹、鼎信次郎、「地球表層の水循環・水収支と世界の淡水資源の現状および今世紀の展望」、『地学雑誌』、Vol.116（2007）No.1P31-42、編集・発行：公益社団法人東京地学協会

水ストレス（渇水指数）のグローバルな分布（東京大学　沖、鼎研究室）[50]

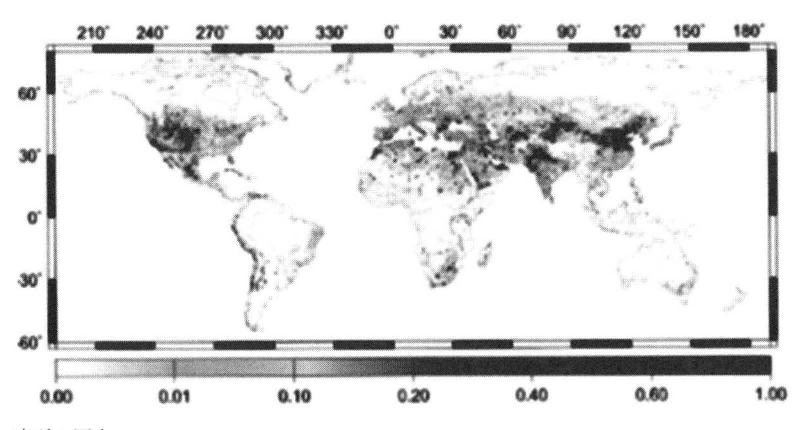

出所：同上

水ストレスの図と人口密度の図を比較してわかることがあります。人口密度は低いにも関わらずアメリカの中西部の水ストレスが深刻な状況となっています。この地域は世界の穀倉地帯として世界の食糧安全保障に決定

的といってよいほどの重要性を持った地域です。降水量分布を見てもわかる通り、この地域は降水が少ない地域で、ほとんどを水の補給のない化石水といわれる地下水に依存している地域です。この地域のオガララ帯水層の枯渇が予測されてきましたが、現在ではかなり逼迫した状況にあるようです。近い将来、これらの地下水の枯渇が18億人に影響するという推計も出ています。

私たちは、日本は豊葦原瑞穂の国といわれたように水の豊かな国だと思っていますが、実はそうでもありません。現在、日本人は生活用水だけで１人当たり300リットルの水を使用しています[51]。これは簡単にいって年間１人当たり109.5tの水を使用していることになります。以下の表を見てわかる通り日本の１人当たり年間降水量は4,958tに過ぎません。実は１人当たりにするとサウジアラビアの6,232tよりも少ないのです。次に日本を取り巻く食糧問題と水資源の問題について考えていきましょう。

世界各国の降水量等

降水量（mm/年）	国	人口一人あたり水資源量/年降水総量（m³/年・人）
537	カナダ	94,353/174,016
1,732	ニュージーランド	86,554/123,987
534	オーストラリア	25,708/216,162
2,702	インドネシア	13,381/24,266
736	アメリカ合衆国	10,837/25,022
1,537	スイス	7,462/8,851
973	世界	7,044/21,796
1,622	タイ	6,527/13,254
2,348	フィリピン	6,332/9,310
867	フランス	3,439/8,069
1,668	日本	3,383/4,958
832	イタリア	3,325/4,360
1,220	イギリス	2,465/4,969
627	中国	2,259/4,693
1,083	インド	1,880/3,527
495	南アフリカ	1,154/18,945
59	サウジアラビア	118/6,232

水資源量とは、降水量から蒸発散量が引かれ表流水・地下水となった量（国際河川の影響も考慮）。

国連食糧農業機関ウェブサイト「AQUASTAT」、国土交通省水資源部「平成15年版日本の水資源」

出所：「日本の水資源と水循環の現況」、『平成26年版日本の水資源について』、国土交通省 水管理・国土保全局水資源部、平成26年８月。

■ 10-5. 水、食糧安全保障、人口

これまでの論考で、淡水資源がきわめて希少な資源であり、そのごく一部が太陽熱によって頻繁に循環し、この循環を通して浄化されていること、この循環している水資源だけが原則として持続可能に利用できる水資源であって、降水の分布と人口の分布は必ずしも対応しないこと、そして水を大量に運ぶには重量が膨大であるために高低差を利用するしかないことなど、水資源をめぐる基本的な観点を紹介しました。

私たちが生きるうえで、水は決定的に重要です。私たち人間の体は、胎児で体重の約90%、新生児で約75%、子どもで約70%、成人では約60～65%、老人では50～55%が水で構成されています。人間の体の中で起こるほとんどの化学反応には水が必要で、水が無ければ生命としてその機能を維持することはできません。その意味では私が持続可能な開発の目的であると考える、“すべての人の尊厳の守られる社会”も、水や食糧の確保がなければ、そもそも成立しません。その意味ではいかにきちんと水や食糧を確保することができるかということは持続可能な開発のための基礎条件であるといえます。

前述したように農業生産も近代経済学や金融資本主義の考える経済合理性という基準で考えられています。その結果、ロシアのウクライナ侵攻でアフリカ諸国の食糧事情がひっ迫していることでわかるように、近代経済学が前提とし理論構築を行っている経済合理性が成立する条件が失われたとき、食糧供給が不安定になり食糧危機が起こります。

持続可能な開発を考えるうえで、農業や水資源を確保することは、金融資本主義などの考えるいわゆる経済的な合理性を追求するよりも重要なことだと考えています。

仏教には、食事を摂るということは他の生物の命をいただくものであり、自らも大きな命の一部であり、自らが命として生きていくために感謝して

食事をいただく、という考え方がありますが、水の循環を考えれば、まさしく自然科学的にもそうだということがいえます。

骨や歯を除けば、私たちの体は筋肉や糖質、脂質でできています。筋肉の主たる構成要素であるアミノ酸やタンパク質は炭素（C)、水素（H)、酸素（O)、窒素（N）で構成されており、糖質や脂質の主成分は炭素（C)、水素（H)、酸素（O）で構成されています。私たちの体は、まさしく植物が水を媒介とし二酸化炭素（CO_2）を固定し糖やデンプンへと合成したり、空気中の窒素を豆類などの植物が固定し、タンパク質やアミノ酸にしたりしたものを元にできていることがわかります。つまり私たちの体そのものが、大気の大循環の一部といえるかもしれません。日々、水を利用し、多くの命を食糧という形で摂取し、私たちは命を永らえています。

食糧をつくるのに、どれほどの水が必要なのでしょうか。この水のことをVirtual Water（ヴァーチャルウォーター：仮想水）と呼びます。この概念は、ロンドン大学のアンソニー・アラン（Anthony Allan）教授によって提唱され、東京大学の沖大幹教授を中心に精緻な研究がなされています。以下の論述は、基本的に沖教授の研究室の研究成果を引用したものです。沖研究室では、日本で灌漑を利用して生産した場合に必要となる水資源を計算しました。肉類の場合、その飼料はほとんど輸入なので、飼料の算出に関しては輸出国での水利用を反映させています。

10-6. 食糧生産と仮想水

以下の表は食品１tを生産するのに必要となる水の量を示したものです。[53] 和牛で焼肉パーティをして１人200g、５人で１kg食べたとすると、水を20t以上使ったということになります。生活が豊かになり、食事に占める肉食の割合が増えると、その食糧生産が環境に与える負荷は急激に大きくなります。

人口問題を考えるときも、食糧生産をめぐる生態系との関係は非常に大きなものがあると考えています。前述した人類学者のマービン・ハリスの著作に、『ヒトはなぜヒトを食べたか―生態人類学から見た文化の起源』[54]という少々ショッキングな題名の本があります。この本では、コメや小麦など各文化の主食と必須アミノ酸の欠乏の関係を論じています。

小麦には11％ほどのタンパク質が含まれるのに対して、日本人の主食であるコメには7％しか含まれていません。しかしながら小麦のタンパク質には必須アミノ酸のリジン、メチオニン、スレオニンが少ないので、肉や乳製品を食べ、不足したアミノ酸を補わなくてはなりませんが、コメにはほぼすべての必須アミン酸が含まれています。コメはその意味で、大変優れた食物です。その中でやや不足気味であるリジンは、豆類にたくさん含まれているので、味噌や豆腐などの大豆製品とご飯を組み合わせることは理にかなっていたのです。

食品生産に必要となる水資源

食糧品目	状態	単位（m^3：t）
とうもろこし	粒のみ	1,900
小麦	精製後	2,000
コメ	精米後	3,600
鶏	正肉	4,500
豚	正肉	5,900
牛	正肉	20,700

出所：東京大学　沖研究室　http://hydro.iis.u-tokyo.ac.jp/Info/Press200207/

かつて江戸時代の日本人が、一部の例外はあったものの殺生を嫌い、畜肉をほぼ食べなかった、もしくは食べずに済んだ背景には、このようなコメの優れた性質があったといえます。ただ含有量からいえば少ないために、コメでタンパク質を満たすため膨大にコメを食べていたといえます。現在、動物性タンパク質が容易に入手できるようになった日本人が、コメをあまり食べなくなったことは理にかなっていると思います。

食物連鎖の観点からいえば、動物に飼料として食べさせタンパク質を集積させ、その肉を食べるよりは、直接植物から入手する方が、より多くの人口を扶養できます。日本の国土は37万km²程度で、それほど広くありません。その多くが山地で、今なお森林被覆面積は66%と、世界有数の割合です。その意味で、1700年代にインド、中国に次いで世界に3番目に人口が多かった日本では、きわめて狭い農地でその人口を維持しなければなりませんでした。平安時代には小野小町なども肉食していたようですが、人口が増えた江戸時代にほぼ肉食を禁じた理由は、実は仏教の思想というよりは、日本の生態系の中で人々が持続的に生存することができるために肉食ではそれが可能でなかったのかもしれません。

同じような例は、インドにも見ることができます。インドの北部は基本的に小麦作地帯で、主食は“ふすま”ごと粉にした小麦粉を薄くのばしたチャパティです。インドではカースト制度のもと、食事まで清浄な食事から不浄な食事まで区別されており、社会的に高いカーストのブラーマンカーストの人たちには菜食主義者が数多くいます。社会学的にはサンスクリゼーション（サンスクリット化）として知られますが、文化的に高い価値にあると考えられるブラーマンカーストの行動様式は、下位カーストにも伝播し、結果として菜食主義者が数多くいます。

ハリスによれば、これも小麦で不足する動物性タンパク質を継続して摂取するために、ミルクを確保する重要性から生まれたものではないかと推論しています。

ヴァーチャルウォーターを考慮した各国の水の自給率（2000年）
日本、韓国、中東は100%を割り込んでいる

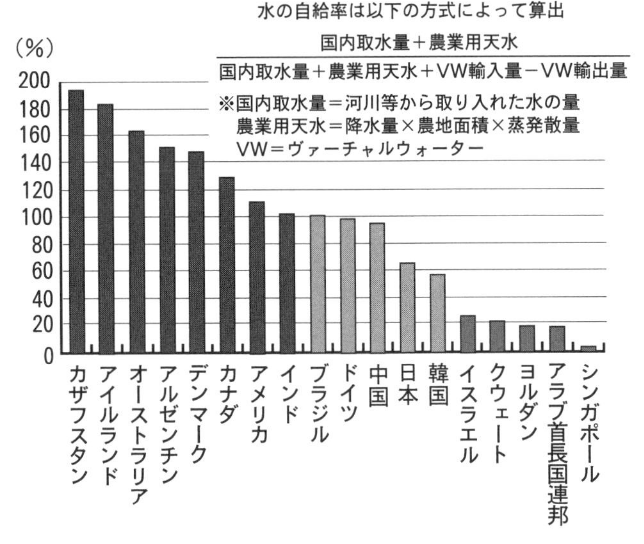

出所：東京大学生産技術研究所 沖・鼎研究室「2007年度 生研公開 地球水循環と社会 ～今日の洪水と世紀末の水需給～」より

つまり、牛が生きていれば、ミルクという形で動物性のタンパク質、つまり小麦に不足する必須アミノ酸を継続的に供給してもらえますが、牛を食べてしまったら、ミルクは利用できなくなります。ヒンドゥー教で牛を食べなくなったのは、小麦食文化の中でどうしても不可欠なタンパク質を持続的に摂取するためだったということです。

インドも可耕地の人口密度が非常に高く、その人口を扶養するためにミルクや乳製品をとる形の菜食主義を発達させたとすれば、日本と同じく高い人口密度を扶養させるための知恵を、文化的価値観として組み込んだといえますし、人間の行動をどのように制御するかという観点から考えれば、非常に興味深い解決方法を示していると思います。

近代社会は、限られた科学的知識を妄信することで、このような文化的な安全装置を外してしまいました。その結果、日本は大量の食糧を輸入しています。1tの小麦を輸入したとすれば、2,000tの水を輸入したことになりますし、1tの牛肉を輸入したとすれば、2万tの水を輸入したのと同じになってしまいます。

沖研究室では、この仮想水を、ウォーターフットプリント（WF）＝輸出物資を生産するのに実際に生産国（輸出国）内で使用された水資源量と、ヴァーチャルウォーター（VW）＝輸入した物資と同質・同量の物資を、仮に輸入国（消費国）内で生産する場合に必要となったであろう水資源量を区分し、環境適地での生産を進め、適切な貿易を行うことで、水資源を節約できるという試算を出しています[55]。これに関しては、輸送にかかるエネルギーなどの問題もあり、フードマイレージの観点からどうなのかは、別の議論になるのではないでしょうか。

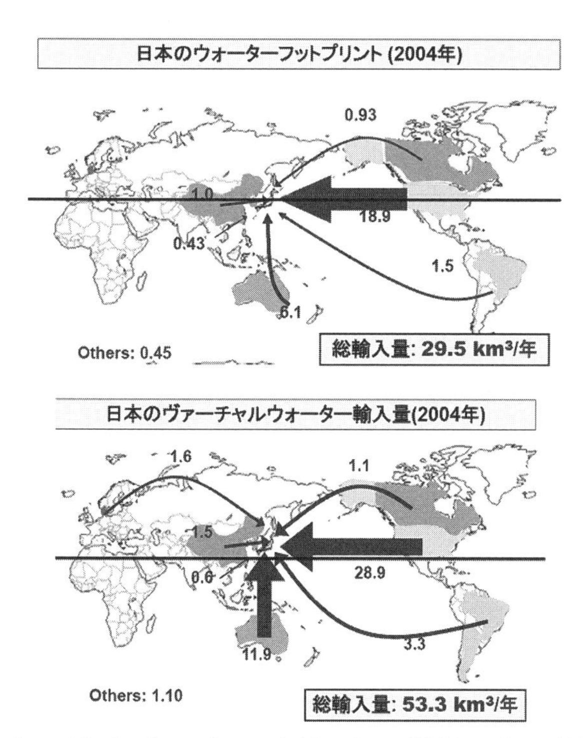

出所：http://hydro.iis.u-tokyo.ac.jp/Openhouse2009/openhouse2009.pdf

ヴァーチャルウォーターの総輸入量が53.3km^3/年ということですから、日本の農業用水53.9km^3/年[56]とほぼ同じ量の水を食糧などの形で輸入していることになります。

その意味では、日本は水が豊かな国ではなく、水が不足した国であるということになります。そしてこれほど輸入に依存しているということは、地球的な気候変動や輸出国の食糧生産の変動によって、非常に大きな影響を受けることになります。

その輸入する食糧の多くは、灌漑農業によって生産されています。国連食糧農業機関（FAO）の統計によれば、世界の作物栽培面積は1961年の13.7億haから2009年の15.3億haへと、わずか12％弱しか増加していません。その間、世界人口は、1961年の31億人から2009年の68億人へと2.2倍に増加ました。なぜこのような人口増加が可能であったかといえば、その理由は、その間に肥料などの投入資材使用量が増加し、農業の機械化と灌漑によって単位面積当たりの生産力が向上したことで、世界の農業生産が2.5～3倍増加したことが挙げられます。生産性の向上が世界的な飢餓の発生を防いだのです。この50年間の食糧生産増加分の40％は、生産性の高い灌漑農地が2倍に拡大したことに依存しており、灌漑用水量は地下帯水層、河川および湖沼から取水した農業用水の総量の70％を使用するに至っています。

乾燥地域・半乾燥地域における地下水を利用した農業生産の生産性は非常に高く、世界の穀倉地帯の多くは半乾燥地域にあります。しかし、その中でも深刻な課題は、その灌漑が水の補給のない化石水を利用して行われているということです。その量は毎年243億tに上ります。補給がないのですから、使えば当然枯渇します。

2016年末、“ナショナルジオグラフィック”誌に、今世紀の半ばに地下水の枯渇によって18億人が影響を受けるという記事が掲載されました[57]。同誌によると、カリフォルニア州の農業の中心地であるセントラルバレー、トゥーレアリ盆地、サンホアキンバレー南部では、早くも2030年代には利用可能な地下水がなくなり、インドの上ガンジス盆地やスペイン南部、イタリアでは、2040～2060年の間に地下水が底をつき、さらには米カンザス州、オクラホマ州、テキサス州、ニューメキシコ州の地下に位置するオガララ帯水層南部は、2050～2070年の間に枯渇する可能性があるとされています。[58]

水は人間だけのものではありません。その他の生物も生存するために必要なものです。水文学的循環の中で4万㎞^{3}が人間にとって利用可能な水の最大量だといわれています[59]が、他の生物の生存を考えたとき、実際にはその10%程度が限界ではないかともいわれています。そうであれば、人口から考えれば20世紀末の時点で、すでに人間が利用できる最大量を超え、他の生命の利用分を侵害してしまっているということになります。水が循環する資源であるということから、正確な推計は至難の業ですが、相当に危機的状況にあることは間違いなさそうです。

国際的に見たとき、食糧安全保障に対する最大の課題は、増え続ける人口、豊かさの増大、そして化石水の枯渇をはじめとした水資源の問題であることは間違いなさそうです。

次からは、趣向を変えて国際人口移動について考えます。

出所：楠本悠「Stop　人間だけのものじゃない！！」東京ガス主催「地球大好き絵メール」2003年度大賞受賞

11 人口移動

11-1. 地球人口と人口移動

これまで本書では人口一般について扱ってきました。つまり世界的規模で見たときに人口は二つの要素、出生と死亡しかない、という論点とその人口も地球環境という限界の中で、維持されているというのが基本的視点です。人口が増え、豊かさを求めた人間の活動が拡大すれば、地球環境にかける負荷は増大します。環境が維持できる能力を超えて負荷が増大すれば、それを維持できるわけはない、というのが基本的な視点でした。

逆に一人ひとりが豊かな生活を維持しようと思えば、少なくとも望まない妊娠を完全に防止することで、望まれない人口増加を抑制しない限り、1人当たりの取り分は減り、その豊かさは実現できないということです。

少子化対策はまったく別の層の問題です。現在日本が直面しているような極端な少子化では、人口構造の変化が急激過ぎて、社会制度の変革がおそらく追い付かず、それによる弊害が非常に大きいこと。さらにはその背景に、子どもを持ちたいにも関わらず持てない若い人たちの置かれた環境を改善する必要があるということから対策が求められているのです。現在政府が理想として掲げているTFR1.8を達成したとしてもそれは置き換え水準以下であり、人口が減っていく水準であることを十分に理解する必要があります。現在の政策は子どもを増やす政策ではなく急減を防止する政策なのです。

このように、人口問題といえば、人々が直面する課題として、母子保健の問題であるにせよ、少子高齢化の問題であるにせよ、各論で議論されることがほとんどで、それらを並べてみると論理的整合性が見失われ、矛盾した結論が引き出され、あれ？どう考えたらいいのだろう、となってしまいがちです。

本書では、このような各論をどのように理解すればよいのか、各論を地球の生態系から見た人口というマクロの視点の中に位置づけることで、多くの皆さんが人口問題をどのように理解すればよいのかという疑問に答えることをその目的として綴ってきました。

これまで論じてきたように地球規模で考えるなら人口移動はないといえます。また逆にいえば人類が出アフリカしてからの10万年の間その歴史は人口移動の歴史であったともいえます。

現代は人口移動の時代ともいわれます。世界各地で戦争や飢餓から観光までさまざまな理由でかつてないほどの人口が移動しています。現在問題となっている人口移動は、巨視的な視点から考えれば、比較的短い時間幅の中での、国民国家という近代の制度を前提とした中で生じた課題であるということができます。

現代においてグローバル化という言葉に象徴されるように、各国ごとに人口構造や経済発展が異なる中で、世界的に大規模な人口移動が生じています。日本でも少子高齢化対策として外国人労働者の大量導入などを叫ぶ声も大きくなっています。

労働力の人口移動に限定して、私の考え方を先に述べれば、経済的な必要性だけで外国人を主に３K労働者として考えて大量に日本に導入することはおそらく弊害が大きく、その将来のコストを賄えなくなるだろうと考えています。

そもそもここでいう経済的な必要性とは何でしょうか。それはかつてのように若者が多く、高齢者が少ないピラミッド型の人口構造であった時代の労働力コストや考え方にしがみつき、自分たちの過去の経験が生かせない社会が「おかしい」といっているという、状況なのではないでしょうか。

現在日本では、労働力が不足しているといわれます。本当にそうなのでしょうか。冷静に見てみれば、機械化するにはコストがかかりすぎるという観点からの安価な労働力が不足しているだけではないでしょうか？　いま工場では自動化が進み、生産と労働力は関係がなくなりつつあります。農業のように多くの労働投入を前提としてきた産業でも、現時点で、すでに整地した広大な農場での大規模生産においては、天頂衛星「みちびき」と通常のGPSを組み合わせた自動トラクターを使えば、ほとんど労働力が介在しなくてもよくなっています。さらに技術の進歩によって、不定形地や中山間地などでも自動化農業が視野に入ってきています。

これはまさしく私たちの社会が200年の時を経て、産業革命に続く大きな革命の中にいることを意味します。かつて生活から労働が切り離されたことで物象化論が起こり、マルクスの理論構築が起こりました。大きな変革の中で、絶対不変と思われていた生産の3要素から最も重要な労働が切り離されつつあります。シュームペーターは技術革新を含むイノヴェーション（革新）によって、創造と破壊が行われることを資本主義のダイナミックスと考えましたが、近い将来その達成が予測されるAIシンギュラリティなどの技術進歩の結果、労働が生産から分離される、という状況までは想像していなかったのではないでしょうか。

労働が生産から切り離されるということは、大きな変化をもたらします。資本の論理が貫徹し、競争を徹底すればするほど、寡占化が進み、機械化が進み、ヒトのいない生産が進むということになります。そうなったとき短期的には資本の寡占化と蓄積が進みますが、長期的には資本の論理も崩壊します。健全な労働者、つまり購買力を持った消費者がいなくなれば、いずれ資本が回らなくなり、経済の循環ができなくなると考えられるからです。今後の経済の最大の課題の一つは“いかに健全な消費者を形成するか”ということになると思います。この問題をどのように考えるかは非常に大きな問題で、別の機会を得て考えてみたいと思います。

ここでわかることは、現代社会において労働力不足とは機械を導入するよりも安い労働力を求めているだけではないかということです。そして過去の社会システムに固執して、経済が成り立たないといっているだけではないでしょうか。

ここまで本論考を読んでこられた方はおわかりいただけたと思いますが、アフリカをはじめ、まだまだ望まない妊娠を防ぎ、出生転換を進めなければならない地域もあります。私自身は、人口問題への対策は基本的にこの望まない妊娠を防ぐことであり、それが実現されてからはそれぞれのカップルが自分の人生を考えて決めればよいことだと考えています。しかし事実として、先進国・途上国を問わず、リプロダクティブ・ヘルス（RH）を誰でも利用できるようになった国々は例外なく少子化に向かっています。つまり、いずれにしても若い安価な労働力を途上国から導入するという対策は維持できないことがはっきりしています。

日本でとるべき対処は、発想を転換し、介護や福祉など人的労働への依存度の高い労働の価値を適切に評価し、適切な労働条件や給与を確保し、その分野に若い人たちが参入できるようにすることで、必要な労働力を確保すること。そしてそれでも不足する労働に関しては積極的にAIや介護ロボットなどの機械化を進めることで、労働者１人当たりの生産性を大幅に改善することだと思います。

また若年労働力を高負担に耐えうる安価な労働力として期待すること自体、経済原則に外れているということができるかもしれません。経済学的な基本として価値（価格）は需要と供給の交点で決まるというものがあります。この原則なくして経済学が成立しないほど基本中の基本の原則ですが、この原則から考えてみると、若い労働力が安価であったのは高出生・高死亡率を前提として、需要に対して若い労働力が大量にあったということを示しているにすぎません。

逆にいえば若者労働力が稀少になればその市場価値は上がらなければならない、というのが市場原理といえます。もしそのように労働市場が機能すれば、若者が貧困だから結婚できず、子どもを持てないという状況は改善され、少子化も緩和するかもしれません。

歴史的に考えてみて、社会制度に合わせて人口構造が維持されるということは期待できません。むしろ人口構造に合わせて社会制度がつくられざるを得ない、というのが事実だと思います。日本における終身雇用制度なども1950年頃に一般化したと考えられ、実は比較的短い歴史しか持っていません。人口構造からいえば、人口ボーナス期だからこそ成立できた制度であったのかもしれません。

これから人口構造が変化する中で、世代や性別を問わず、その特性に合わせて社会的・経済的活動に参画することが求められています。まさしくそのような社会を実現するためには、過去の人口構造や技術に基づいた生産システムとその成功体験を忘れ、新しい人口構造や技術の中での経済的活力とは何かを考える必要があるといえます。

特にAIシンギュラリティがもたらすであろう生産と労働の分離というこれから直面する社会の激変にどう対応するかは近未来の課題となります。その前に、日本の現状に対する対応を行ううえで、一つのカギとなるものが生産性の向上だろうと思います。日本生産性本部の資料によると、日本の生産性はOECD35か国中20位で、米国の2/3程度、1位のアイルランドやルクセンブルクの半分もなく、OECD主要7か国の中で最下位となっています。これは近年叫ばれている「働き方改革」の必要性を明確に示しています。

日本は世界で最も高齢化が進展している国です。かつて日本は第二次世界大戦で敗戦し、灰燼の中から立ち上がり、世界的な経済大国になりました。この日本の成功は途上国の開発モデルそのものとなり、かつての途上国の現在の経済的発展の基盤を築いたといえます。

日本は“失われた30年”を経てもなお、かつての成功経験にしがみつくことで、世界的にその地位を下げていますが、日本が新しい人口構造に適応した、新しい技術に適応した社会構造や経済システムをつくり出すことに成功すれば、また新たな時代へのイニシアティブを発揮することができるのではないでしょうか。

現在、経済界などが求めている、安価な３K労働への労働力不足に対する対策として、移民労働力に安易に頼ることは、日本の問題を先送りにするだけで、解決策にはならないと同時に将来に大きな禍根を残すことになると考えられます。

もちろん優秀な多様性を持った人材が日本に来て働くことは日本経済の活性化に大きく寄与するでしょう。それはどのようにしたら可能になるかを含め分析していきたいと思います。

11-2. 人口移動とは

今、世界的に見てどのくらいの人が人口移動しているのでしょうか。次の表は国連社会経済理事会が出している統計です。この数字には旅行者など短期の移動は含まれていません。何らかの形での長期移動や基本的に生まれた国に戻ってこない移動がこの統計に記されているといえます。

人口増加、国際紛争や国際移動が容易になったことで1960年当時には世界全体で7,900万人であった国際人口移動が1990年には１億5,254万人、2017年には２億5,772万人へと増えています[60]。それぞれの年次の世界人口に占める割合は2.6%、2.9%、3.4%となっています。

面白いのは、この２億5,770万人の人口移動のうち先進地域への移動が１億4,600万人で、途上国地域への移動も１億1,170万人いることです。また先進国への移動のうち、先進国から先進国への移動が5,690万人、途上国からの移動が8,900万人。そして途上国への移動のうち、先進国から途上国への移動も1,440万人存在し、途上国から途上国への移動が9,740万人に上っています[61]。つまり世界的に見ると最も大きな人口移動は途上国から途上国への人口移動だといえます。

国際人口移動

年央推計

	年	1990	2000	2010	2015	2017
世界全体	男	77,456,347	87,527,473	113,583,838	127,597,596	133,078,858
	女	75,086,026	85,076,784	106,435,428	119,988,148	124,636,567
	男女計	152,542,373	172,604,257	220,019,266	247,585,744	257,715,425
先進地域	男	40,270,398	50,558,910	63,373,864	67,530,336	70,354,903
	女	42,121,221	52,858,984	67,309,653	72,719,861	75,628,927
	男女計	82,391,619	103,417,894	130,683,517	140,250,197	145,983,830
開発途上地域	男	37,185,949	36,968,563	50,209,974	60,067,260	62,723,955
	女	32,964,805	32,217,800	39,125,775	47,268,287	49,007,640
	男女計	70,150,754	69,186,363	89,335,749	107,335,547	111,731,595

出所：http://www.un.org/en/development/desa/population/migration/index.shtml

その理由は、移民の定義にあると思います。国連の定義では12か月を超えて出生国以外に居住している人を意味しています。国際移住機関（IOM）ではその内訳を以下の図のように区分しており、国際人口移動の要因が非常に多様なことがわかります。

最も大きな比率を占めている途上国から途上国への人口移動について、私たちは難民や避難民がその多くを占めているのではないかと考えがちですが、実は途上国から途上国への人口移動に占める難民・避難民は2,136万人と推計され、約2割にすぎません。いずれにしてもそのほかの要因が大部分を占めており、多様な理由で人口移動が起こっていることがわかります。

移住の理由

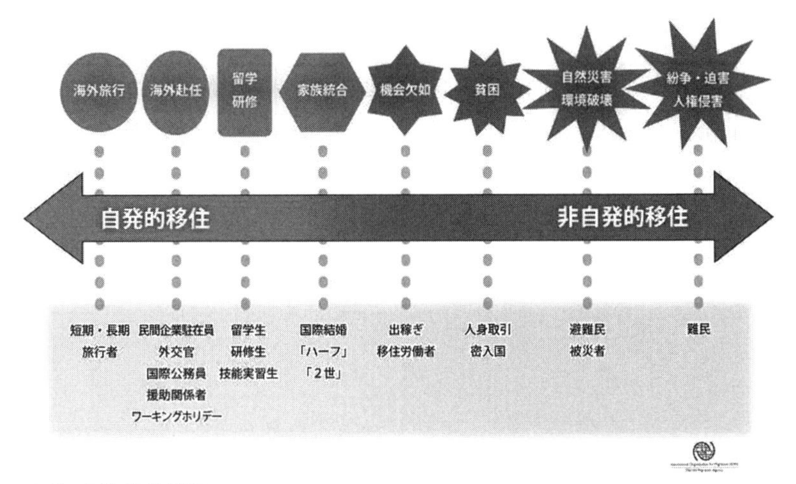

出所：国際移住機関HP

11-3. 人口移動の必要性

難民や避難民の主な原因となるものは国内での紛争や国際紛争です。ISISとの攻防の中でシリアから難民が大量にヨーロッパを目指し、移民の受け入れをめぐってイギリスがEUを離脱するなどヨーロッパを大きな変革に巻き込みました。

政治的な紛争や、宗教に注目が集まりますが、多くの場合、その背景には人口増加や気候変動によって干ばつなどに見舞われ、食糧生産が乏しくなったなどの事情が存在していることが一般的です。シリアの場合も大干ばつが襲い、それが難民の引き金になっています。

拙著、『アジアにおける人口転換』で明らかにしたことですが、ヒトは自分がわかりたいように理解します。つまり本当の原因がどうであれ、結果として、それに対する対応を正当化します。正当化は多くの場合、社会的価値観と結びつくため、そちらが注目され、それらが宗教だったり、政治だったりするのではないかというのが筆者の基本的な考え方です。つまり、人口増加や食糧の不足は意識されにくいということになります。そしてこれらの問題を解消しようとしても、その現象を引き起こした本来の原因と人々が主観的に原因と思っている内容が異なっているのですから、その対処は容易ではありません。

難民や避難民の問題は国際人口移動として全体で1割程度ですが、そのほかは何らかの形での平和的な状況下での移動といえます。その中で経済的な理由での人口移動について少し考えてみましょう。

11-4. 人口移動の経済的要因　人口構造の変化と人口移動

途上国と先進国で給与水準が違うのはよく知られた事実です。先進国で学んだ途上国からの学生が先進国に残るのはある意味当然といえます。また湾岸諸国など安価な労働力への需要がある国では積極的に安価な労働力を導入します。しかしその場合、安価な労働力として働く労働者は、内国民と賃金も待遇も違う差別的待遇で対処されているのが一般的です。

確かに先進国で人口ピラミッドがひっくり返っている一方で、途上国の一部ではまだピラミッド型です。そして人口転換が進んできている途上国の多くは、樽型の人口構造を持っており、労働力は多く、扶養すべき従属人口が少ないことから経済的な発展とうまくリンクすれば、経済発展の好機といえる人口ボーナスを享受することになります。

この人口構造の多様性から、各国の特性をうまく利用すれば、先進国、途上国ともその人口を活用できることは一目瞭然といえます。しかしそれがすなわち、途上国から安価な労働力を持ってくればよいかという話かといえば、そうではありません。

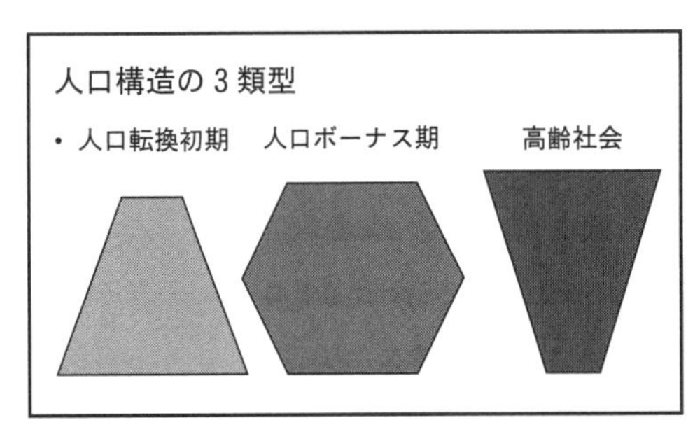

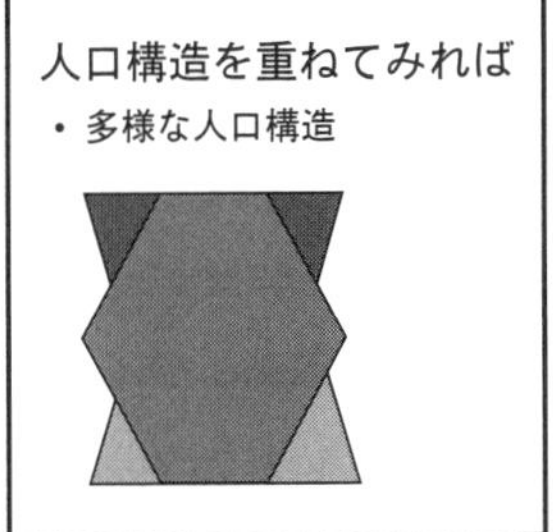

その理由として、現代の日本で、人種や国籍を理由とした差別的な待遇が正当化できるか、という当然の疑問もあります。そして人が移動するということは、文化や価値観、生活環境も付随して移動します。当然、異なった価値観で生きる人たちの価値観を尊重しようとするならばその費用がかかるということです。日本は島国であり、外国に比べて共通した価値観を有してきたことが、社会的費用の削減につながり、日本型資本主義を可能にしたと分析することもできます。かつての総中流社会に代表されるように、日本社会は諸外国に比べ社会の階層化が弱く、差別や区別に慣れていないということができます。そこに多様な価値観を急に導入した場合のコストの議論があまりなされていないと思います。少し寄り道して、そのことを考えてみます。

■ 11-5. 文化受容と同化の問題　身体知と知識

この問題は文化受容と同化の問題ということができます。異なる文化が入ってきてうまく同化ができなければ社会的な不安定性の重要な原因となります。わが国日本はこの文化受容に関して世界的に見ても特異な例といえます。移民の問題を考えるために、そのことを考えてみましょう。

日本の社会システムを考えてみると、共有の情報を意識しないことで効率化が図られていることがわかります。例えば日本では通常日本語でコミュニケーションをとりますが、普通日本人が日本語を話している場合、その文法を意識することはありません。そのように共有された情報は内在化し、K.ヤスパースの言葉を借りれば「意識下の知識」となります。この意識下の知識は実際の行為のほとんどを支えている知識で、身体の動きと連動しているので身体知とも暗黙知ともいわれます。

例えば自転車を初めて練習するとき、右足を押し出して、次に左足を押し出せばこげるはずですが、そういかないのはご存知の通りです。しかし自転車に習熟すると、どのようにこいでいるか意識していなくても、自在に操ることができます。お尻をぼりぼりと掻きながらでも、普通に自転車をこいでいます。筆者は大人になってから自転車を覚えたので、最初はそのような人々を驚きながら見ていました。自転車を覚えるときには、自転車の操縦法を見たり、体験したりして習熟していきますが、それができるようになったときにはどのようにして覚えたのかは忘れてしまいます。逆にどうやって操縦しているのかを意識するとその途端に乗れなくなったりします。これは身体化といわれる知識の言語的もしくは意識的取得とその内在化、そして異化ともいいますが、その外部化の関係を端的に表す実例といえます。

内在化された知識は内在化されていますから、意識されません。意識されないということは、身体的にそれに対応できなくならない限り同じ行為を取り続けるということです。このことが人間の行為を社会的なものにしていると同時に、文化的制約から離れにくくしている理由ともなっています。このメカニズムは実は人口増加や極端な少子化の大きな要因でもあります。つまり社会の変化があったとしてもその条件の変化に合わせて人々の行為が合理的に変化するには時間がかかる原因となり、結果として人口増加や極端な少子化を引き起こしているのです。

またスポーツの分野で「名選手、必ずしも名監督ならず」といわれますが、これもこのような知識と身体の関係を考えれば理解できることです。名選手とは名人としてのプレーができた人です。もちろん修練を積んで、知識で語りながら、そのようなプレーができるようになった選手も多いでしょうが、そうではなくてできてしまった人に、できる秘訣を聞いても、本人が言語的に理解していないのですから、まともな回答が返ってくるわけはありません。

それを天才ならざる身の普通の運動選手が聞いたとしても、達成できない敗北感ばかりが募ります。逆に名選手でなかった人が、コーチとして監督として訓練を受けることで、名コーチ、名監督になった例もあります。それは、自分ができなかったところを十分に分析的に、つまり言語的に説明することができ、その結果として多くの選手の技量が向上したということだと思います。

運動の場合、ある選手が到達した前人未到の業績が若い選手を引っ張ることもありますから、単純に上記のようにはいえないのですし、やはりその常人を超えた境地に達しないとわからないこともありますから難しいですね。

これは経営も同じようです。かつて経営の神様といわれた松下幸之助をして「経営学を教えることは簡単だが、経営を教えることは難しい」と嘆かせています。またそれまで順調に行っていた経営が、下手にコンサルタントの指導を仰ぐようになって、会社が傾く例も数多くあるのも同じことです。それまでできていたことが迷いによって言語化しようとしたとたんにできなくなってしまうのです。

実はこの問題は日本的な経営の特徴となっています。このメリット・デメリットは、インドに代表される経営のメリット・デメリットの裏返しであるといえます。日本は共有知を高めることで日本的経営を運営し、世界的に驚嘆された経済成長を実現しました。今ではその方法が日本企業にとって成長の阻害要因となっています。グローバリゼーションの中で、多様な考え方を明示的に構造化し単機能的に組み合わせるインド的経営がグローバル企業の中心的な運営方法となっているのです。

そしてこの問題は、日本における外国人の受容の問題に深く関わります。

外国人は言語、文化、宗教、価値観を含め異なった背景を持っています。つまりその外国人に意図を伝えようとすれば、日本人がこれまで言語化しないことで共有してきた、暗黙知の部分を言語化する必要が出てくるということです。結論からいえば日本人はこれがきわめて不得意です。

異質なものを受け入れることを文化受容といいます。それには2つの在り方があるといわれます。一つには「系統発生的受容（Orthogenetic Transformation)」、もう一つが「異種発生的受容（Heterogenetic Transformation)」です。なんともなじみのない言葉ですが、シカゴ大学の人類学者であったロバート・レッドフィールドという人が考えた言葉です[62]。

それぞれの言葉を簡単に定義すると、「系統発生的受容」とは、ある文化が自分たちの文化を維持している中でほかの文化や知識を自分たちなりに受容していくやり方を意味し、「異種発生的受容」は異なる文化と文化がその価値観をぶつけ合っていく文化接触の在り方を意味します。おわかりの通り、「異種発生的受容」は戦争である民族が他民族を制圧し、もともとあった文化を破壊しながら、行われる結果としての文化交流ということになります。

バングラデシュの博物館に行くと、仏教遺跡の時代からイスラムが入ることですべての偶像が破壊された過程を見ることができます。バーミヤンの石仏が仏教徒によって彫られ、それをイスラムが入ってきた時代に顔を削ぎ、最終的にはタリバンが爆破してしまいました。文化的価値はそれに価値があると思われなければ否定されてしまう悲しい実例が、アフガニスタンだけではなく、シリアでも、エジプトでも起こっていることはご存知の通りです。

このような原理主義による文化遺産の破壊にイスラム教が関わることが多いのは残念ながら事実です。かつてイスラム文化の中心であったアラビア地域はギリシャ文化を継承し、ヨーロッパよりも進んだ文明を有していました。そしてその神学も非常に主知的で、理性を重視するものです。その意味では「イスラムだから」というレッテルを貼ってはいけないことは最初に明示しておきたいと思います。マックス・ウェーバーは宗教意識を俗人宗教意識と達人宗教意識とに分けました。これから述べることは神学上の議論でも正しい間違いの議論でもなく、"そうなりがちだ"という事実の問題です。

日本人は自分の文化の中に他の文化や文明の成果を取り込んでいくという系統発生的受容に関しては天才的な民族だと思います。また歴史上、本当の意味で、そこにあった文化が根本から破壊され、そこに別の侵略者の文化が置き換わるというような異種発生的受容を迫られたことがあまりありません。第二次世界大戦後、その可能性はありましたが、国体の維持に成功し、その結果として不要な争いが起こらなかったことが戦後復興の大きな要因であったことを否定する歴史家はいないのではないかと思います。

日本は第二次世界大戦の敗戦という歴史上最大の危機も何とか乗り切りましたが、今なおその戦後処理に苦労している感がするのは筆者だけでしょうか？　いずれにしても日本人は系統発生的受容という形で、歴史的に自分たちの取り込みたい形で外国の文化を取り入れてきました。第二次世界大戦の敗戦という劇的な変化にあっても、その能力を発揮してきたと思います。

しかし、外国のやり方、特に異質性を統べることを前提として構成されている多国籍企業の経営などの変化にはあまりうまく対応しているようには見えません。つまりこれまでの分析からわかるように、国際化が必要なことは頭でわかっていても、異種発生的受容のような闘争や摩擦を伴う受容に関して、肌でわかっているわけではない、ということなのです。

また国際情勢からいっても難しい状況が存在します。今、世界の人口の55%以上の人が、ユダヤ教に起源を持つキリスト教、イスラム教の信者です。そしてこの宗教は唯一神教という特色を持っています。

この一神教には3つの種類があります。モノラトリー（Monolatry)、ヘノセイスムス（Henotheismus)、モノセイスムス（Monotheismus）です。モノラトリーとは他の神々の存在を否定せず、特定の部族や人々が自分たちの信じる単一の神に対する崇拝を意味します。ヘノセイスムスは自分たちの信じる神を至高神として信仰しますが、他の神々を排除しない信仰の形態です。そしてモノセイスムスは多くの神を知るものではない、つまり自らの信じる神以外の神はいないし、その存在があることも知らないという唯一神教の形態です。

論理的には、ほかの存在を想定しないという形の唯一神教は汎神論しか存在しえないのではないかと考えています。そうなると仏教の宇宙観ともあまり変わらなくなってしまいますし、排除の論理は働かなくなります。つまり実は排他的になるかどうかは教理の問題というよりは解釈の問題ということになります。

キリスト教、イスラム教はこのモノセイスムスに属します。バチカンの博物館などを見るとカトリックの歴史の中で、そのように信じていたというよりは、日本人の信仰とも近いような信じ方ではなかったのかという気がしますが、建前上はモノセイスムスとなります。イスラムの方がキリスト教よりも後にできているので、この教理的な側面がより強調されているのは事実だと思います。

キリスト教の中でもさまざまな議論があることはご存知の通りだと思います。ユニテリアン・ユニバーサリズムのような非常に寛容性の高い信仰から、一部の原理主義のように極端に教条的な宗教も存在します。ユニテリアンなどは一部のキリスト教徒から、キリスト教ではないといわれたりしますが、神学の論理からいっても、神の知を人の知で判断できないと考えれば、むしろ非常に敬虔なキリスト者であるといえるかもしれません。神学的な議論をすればきりがないので、ここでは宗教の話ではなく、神様の話でもなく、社会科学的に私たち俗世の人間の信じ方の話に限定して考えてみましょう。

当たり前といえば当たり前の話ですが、神ならざる身でありながらも私たちは自分で信じていることを正しいと考えます。そうなると自分が神さまの側ということになれば、相手は存在してはいけないという論理構成が可能になってしまいます。

社会科学的に考えたときに、それが実際の神学から見て正しいかどうかは関係ありません。おそらく自分が理解しやすいように理解して、それを正しいと主張することになると思います。唯一神教にはモーセ五書（トーラー）をはじめとする旧約聖書、新約聖書、クルーアーンをはじめとする聖典があって、それはまったく動かすことができません。そこで問題になるのはそれらの聖典をどのように解釈するかという問題になります。この解釈権（学）のことをHermeneuticsといいます。キリスト教のカトリックとプロテスタントもイスラム教のシーア派とスンニ派もこの解釈権がどこにあるかという違いが、支配の正当性の違いになり、それぞれの宗派の違いとなっています。

キリスト教のプロテスタントとイスラム教のスンニ派はそれぞれに聖書とスンナといわれる預言者の言行録をもとに信者が解釈しますから、それぞれに解釈が数多く分立し、統一的ではなくなります。カトリックが基本的に教皇を頂点とする一つのシステムであるのに対し、プロテスタントはそれぞれの解釈ごとに教会が林立します。

スンニ派も同じで1994年にエジプト・カイロで開催された国際人口開発会議（ICPD）にあわせて、その「行動計画（PoA）」をスンニ派最高の大学であるアル・アズハール大学で逐条審議し、問題がないというお墨付きを得たにも関わらず、パキスタンなどではスンニ派のイマームという各地の指導者が従わず、その実施が阻害された実例があります。イスラム教はかなり主知的な宗教でその解釈が非常に重要であるにも関わらず、多様な解釈が並立してしまいます。これはプロテスタントの各派も一緒で、特に原理主義といわれる人たちが、聖書に書かれた内容をそのままに信じ、それぞれの信じ方があるので数多くの分派が存在しています。

中東地域をみれば、イスラムの宗派対立で常に争いが起こっているような印象があります。そしてアフガニスタンのタリバンがバーミヤンの大仏を爆破するなど、過去の貴重な文化財を自分たちの教義に従って破壊しています。シリアのパルミラでも、イラクでもエジプトでもそのような破壊が起こり、過去の人類の貴重な文化遺産が彼らの正義のために破壊され、取り返しのつかない人類の遺産の喪失を生んでいます。

今、欧米ではこのような形での宗教戦争はないように思います。それをもってキリスト教の方が優れていると主張する人もいますが、そうでしょうか。単純にキリスト教が先に妥協の必要性を経験しただけというのが私の考え方です。その妥協は近代社会の基盤である国民国家を生みだしました。

11-6. 近代と国民国家

現代社会において国際社会の構成単位は国民国家といわれるものです。国民国家がいつ形成されたのかについて専門的な研究はいろいろありますが、一般的には1648年のウエストファリア条約で生み出された概念といわれます。

これは宗教戦争である30年戦争の終結を確定した条約で、国家対等の原則が生み出され、主権国家という概念が形づくられました。現在の国際法も原則はこのウエストファリアの理念に則っています。この条約は宗教戦争の経験から各国に至上の権限としての主権を持たせました。言葉を換えれば、異なる宗教、言語、価値観や規範を持つ他の国には干渉しないという原則を形づくったといえます。

30年戦争を最後とする100年近く続いた一連の宗教戦争で、感染症の流行も含めドイツでは農村部で約40%、都市部で33%の人口が失われたといいます。第二次世界大戦で日本は敗戦し、大きな犠牲を生みました。その死者は軍人、軍属、一般市民を含めて総人口の5%といわれていますから、これがどれほどのものであったか。想像を絶すると思います。

神学論争である以上、どうにも議論の解決のしようがありません。その解決のために武力を持って戦っても収拾できず、各国の疲労困憊の結果、各宗教ごとに、各言語ごとに国家をつくって、主権という形で、その国民に対する生殺与奪の権を国家に与えると同時に、どんなに小さな国であっても、自国の脅威にでもならない限りその内政には関与しないという取り決めをつくったといえます。

意外なことですがイスラムの場合にはそのような大きな被害をもたらす、壊滅的な戦争を経験していないので、昔の唯一神教の在り方が生きているともいえるのです。ただあらためて注意しなければならないのは、ほとんどのイスラム教徒は中庸で穏やかで、極端な信仰を持っているわけではありません。しかし干ばつや人口増加などによって食糧生産が不足したり、生活できなくなってくると、生活の基盤が失われ、宗教的に極端な主張が支持を集めやすいという残念な現実が出てくると考えます。

日本人はその歴史の中で、このような宗教的信念の違いで、人口が半減するような過酷な経験をしたことがありません。日本はモンスーン気候に属し、稲作を行いコメをつくります。このコメという作物が労働投入すればするほど産出量が上がるという、労働弾力性とでもいうべきものが非常に高い作物であったことで、経済原則を無視しても、生きるという目的のために棚田をつくり、無制限に労働投入をしてコメをつくりともに生きる社会を生みだしたようです。西欧人にとって労働が罪の償いであるのに対して、日本人にとって労働が救済であるという言われ方をすることがありますが、熱心に働けば生きていけるというのは日本人に2000年にわたって染みつき、行動の共有された規範となっていったのだと思います。救済を与えるのが宗教だとすれば日本人にとって労働は宗教で、過労死は殉教ということになってしまいます。

このような考え方が共有されているため、異なる考え方とぶつかったときに対処法を知らないということになってしまいます。共同体にとってコメ作に依存している中で、コメ作を妨害することを絶対的に禁止しなければなりませんでした。律令以前の罪の概念に天津罪（あまつつみ）と国津罪（くにつつみ）がありますが、国津罪は近親相姦の禁忌のような倫理規定が主で、８つの天津罪のうち４つは畔の破壊など米作妨害となっています。

日本人にとって、コメ作は理屈抜きで重要で、神話の世界でそれを規定する必要があったということがわかります。つまり議論の余地はないのです。

11-7. 日本人の遺伝的多様性

水田耕作妨害を天津罪として神話で規定し、禁忌としてしまったことに顕著にみられるように、日本人は、異なる考え方を社会的な軋轢を制御しながら受け入れることに関してはほとんど経験がないことを示しています。このように日本人が、系統発生的に受容することは得意だが、異種発生的な受容に関して経験がないことは実は遺伝子の分析からもわかります。

現生人類はアフリカから出て、ホモ・サピエンス・サピエンスという一種に属していることはご存じだと思います。人類は何度もアフリカから出ているらしく、インドネシアのフローレス島では、北京原人などと同じ原人に属するホモ・フローレシエンシス（Homo floresiensis）が現生人類が世界中に広がり始めた6万年ぐらい前まで存在したらしいことがわかっています。また、ネアンデルタール人やデニソワ人などとも若干混血したのではという研究成果もありますが、基本的に現生人類はアフリカから出てきたホモ・サピエンスを共通の祖先としています。

その意味では10万年も遡ればごくわずかの集団にたどり着くと考えられ、母系だけで遺伝するミトコンドリアの遺伝子分析によって、その共通の祖先がいたらしいことがわかっており、ミトコンドリア・イブといわれたりします。

このアフリカから現生人類の直接の祖先が出てきた後、遺伝子情報も変化し、すべてが黒人であったものが白人や黄色人種に分かれていきます。前述した、ブライアン・サイクスの『イブの7人の娘たち』ではその変化の節目節目の状況を分析しており、それぞれの人種の祖先がどのような生活をしていたのか、想像を掻き立てられます[63]。

いずれにしても、人類は分化を続け、その遺伝子型は大きくA～Rまで区分されています。A、Bはアフリカから出なかった人種で、C以降が出アフリカをした人類となり、世界各地で異なった発達を遂げることになります。下記にあるように、その系統は大きくC、DE、Fの3グループに分かれており、Fのグループに GからRまでのグループは含まれます。[64]

遺伝子的差異が最も少ないのがアメリカ大陸のネイティブ・インディアンです。おそらく黄色人種に分かれた後、ごくわずかのグループがアメリカ大陸に渡り、比較的短い期間で南北アメリカに広がったためと考えられています。また多様な人種が行き交ったユーラシア大陸でも、実はこの3グループのすべてを持っている地域というものはほとんどありません。多様な人種構成をその起源に持つと考えられるヨーロッパでも2つのグループしか存在していないといわれます。これが日本には3グループとも残っており、世界でも遺伝的な多様性が最も高い国となっています（図）。[65]

ハプロ遺伝子系統樹

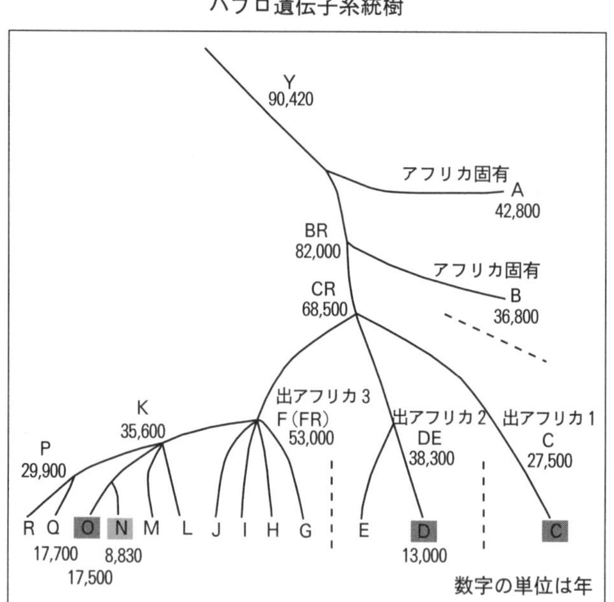

出所：崎谷満、『DNAでたどる日本人10万年の旅―多様なヒト・言語・文化はどこから来たのか？』、昭和堂、2008

これは何を意味するのでしょうか？

大陸で遺伝的多様性が乏しい理由は、おそらく征服民族によってそれまでいたさまざまな民族が大規模に殺戮されてきたことを意味すると考えられます。一般に民族がなくなってしまうほどの大虐殺（ジェノサイド）は異なる人種、言語、民族、宗教の間で起こります。

ヨーロッパが、宗教戦争を通じ、お互いに不干渉になることを前提に近代国家が成立したとお話ししましたが、その際に言語も国家の区分をつくるうえで重要な役割を果たしました。ベルギー等複数の言語を共通語としている国もありますが、ヨーロッパの諸国のほとんどは単一言語になっていることがこれを証明しています。インドも各州は基本的に言語の違いで分かれています。言語が通じないということは、基本的に意思疎通ができないということで、相手に対する同情や共感が生まれにくいと考えるのは自然な気がします。

例えば、言語学的にインド・ヨーロッパ語族といわれる言語にインドの東の端であるベンガル州の公用語のベンガル語から、ヨーロッパの西の端のアイルランドのゲール語までが一つの語族に属します。これは共通の祖語を持つ民族が、わずか8,000年ほどの間にこの広大な地域に広がっていったことを示しています[66]。当然、そこには侵略と征服があったはずで、負けた民族は殲滅させられてしまったと想像することができます。実際、人口の面から見ても大陸の人口変動はきわめて大きいことがわかっています。

中国の歴史人口の例ですが、明朝が崩壊し、清朝になる時期に人口の急激な変動が起こっています。もちろんセンサスなどはないので、正しい数字かどうかはわかりませんが明の後期1630年に1億9,250万人であったと記録された人口が、14年後の1644年には、1億5,250万人に減少し、32年後の清朝の初期1662年には9,179万人[67]まで減少したとしています。人口増加率1％で増加していくと約70年で倍増します。1664年から1764年の清朝期の人口増加をみれば1664年の9,265万人から2億550万人へと増加し、その増加率は0.799％であったことがわかります。

注目すべきは明朝から清朝への移行期に人口が減っていることです。清朝期の増加率を適用した場合、２億4,800万人へと増加するはずが、9,179万人にまで減っているのです。これはマイナス2.25％の人口増加率となります。殺戮によるものか、戦乱によって社会基盤が破壊され、餓死が大量に出たのか、疫病かわかりません。おそらく西欧の宗教戦争と同じくそれらの複合要因と考えられますが、いずれにしても異民族支配が起こる中で、殺戮も飢餓もあまり顧慮されなかったということがいえると思います。

旧大陸では、地続きということもあり、このような激しい形の民族の置き換え、文化の置き換えが起こってきました。その中で勝者がその遺伝子を残し、敗者は殲滅されたということが推測できるのです。つまり、日本で出アフリカの３つの人種の遺伝子のすべてが保存されているということは、入ってきた人たちが圧倒的な戦力で先住民を征服し、殺戮しつくした人口移動ではなかったことを意味します。島国であるということが幸いし、少しずつ大陸から、もしくは島嶼伝いに渡ってきた人々が日本に定着し、時間をかけて言語を共通化していった歴史を持っていたのだと思います。

そしてこれも歴史人口学的な分析をしてみればわかることですが、日本のように基本的に人の移動がないところであれば、現在の人口１億2,700万人としても約800年で各人の先祖はどこかで交わることになります。戯れの計算ですが、一世代30年として、30年ごとに再生産を続けていった場合、以下のような表になります。840年も経てば１人のご先祖様の数は２億6,000万人を超えてしまいます。これで日本人が非常に高い遺伝子の多様性と同質性を併せ持ったことが理解できます。

ご先祖様の数（人口）

人口	年（過去）	世代
1	0	1
4	60	3
16	120	5
64	180	7
256	240	9
1,024	300	11
4,096	360	13
16,384	420	15
65,536	480	17
262,144	540	19
1,048,576	600	21
4,194,304	660	23
16,777,216	720	25
67,108,864	780	27
268,435,456	840	29

その結果、日本ではインドのような明確なカースト制度が形づくられませんでした。江戸時代に制度化する中で士農工商という身分制度が確立しますが、武家が絶家を避けるために優秀な農家の子どもを養子にもらったり、実際上の身分の売買が行われたことも近年明らかになっています。例えば幕末期の混乱期であったとはいえ、明治期に日本の殖産興業で中心的な役割を果たした渋沢栄一は武士に取り立てられています。地位の移動が起こりうるという点で日本の身分制度とカースト制度はおそらく違ったものであったと考えられます。日本にも穢多非人といわれる被差別身分があったことは事実です。しかしその頭領は武具に不可欠な皮革の商いを独占することなどにより、たいへん豊かであったことがわかっています[68]。ほとんどの前近代社会には、そのような差別的地位にいる人々が存在しています。しかし日本の場合、おそらく社会秩序の安定性の要請からそれは形成され、職業カーストに近いものであったのかもしれません。

このような状況の傍証として日本には西欧的な意味での奴隷制度がほと

んど定着しなかったことが挙げられます。『アンクルトムの小屋』ではないですがアメリカは1865年の南北戦争の終結まで奴隷制度が存在していました。この奴隷制度において奴隷は主人の財産として一生売買の対象であるばかりでなく、そこで生まれた子どもたちも主人の資産として売買の対象になっています。

日本でも吉原などに娼婦として売られる人身売買はありました。しかしそれはあくまで債務の支払いのためであり、一代限りであって、年季もあります。吉原の例では28歳まで生き残れば、自由の身となりました。もちろんほとんどの娼婦はそれ以前に死んでしまう悲惨な状況であったようですが、その子どもまで商品として売られるアメリカにおける黒人奴隷と本質的に異なっていることがわかります。

日本が国家の形をつくるとき、中国の律令制を模し、701年（大宝1年）に制定された大宝律令では奴婢という奴隷制度が規定されています。それでもアメリカ奴隷制度と異なり、高齢になれば平民となり、口分田も支給されていました。その奴婢制度であっても日本になじまなかったらしく、907年の延喜格で公的に廃止されています。その意味で、日本はおそらく世界で最初に奴隷制度を廃止した国だと考えられます。

そして歴史的に日本人は奴隷制度を忌避し、安土桃山時代に西欧と接触した際に、西欧が奴隷制を持っていることを嫌っています。ほとんど日本史で習うことはありませんが、豊臣秀吉が1587年7月24日（天正15年6月19日）に発布した伴天連追放令覚書『天正十五年六月十八日付覚』に「大唐、南蛮、高麗江日本仁を売遣侯事曲事、付、日本ニおゐて人の売買停止の事」と日本人の人身売買は禁止されているのに、日本人が海外に売られていることはけしからんと、明記されています。

つまりキリシタン禁令の一つの理由となったのが、ヨーロッパの奴隷貿易であったのです。戦国大名が鉄砲や火薬欲しさに領民を売る事案が頻発し、それを知った秀吉はその買戻しや、日本に戻せない場合には自由民とすることを強く申し入れています。天正の少年使節たちも海外で日本人奴隷を見て驚いている記録が残っています。先ほど、“なじまなかった”と書きましたが、まさしく文化的な共有度が高く、言語が理解でき、情緒的な共有もできる社会で、同じ人間を奴隷として扱うことができなかったのだと思います。逆にいえば肌の色が違うなど文化的な同化で対処できない人種的な差があったからこそ、アメリカの黒人奴隷は正当化され、維持されたのかもしれません。

日本は長い歴史の中で、中華文明の周辺国として、その地理的条件もあり、自分の時間をかけてさまざまな文化を取り込むことに習熟してきました。しかしその高い文化的情報共有度を活かしてその社会をつくり上げたため、意識下にある知識に依存し、効率性を高める社会を構築してきたといえると思います。その日本人が異なる文化と直接接触したとき、それなりの負担が生じるであろうということは想定できることです。そして大量にその出自の文化や生活習慣を維持したまま大量の労働力が入ってくれば、これはおそらく日本の文化に同化するのではなく、別の生活集団をつくってしまうことになります。

11-8. アイデンティティと人口移動

現在の移民は、大量にまた非常に短い時間で移動することがその特徴となります。またグローバリゼーションの中での移動の容易さは、同化する時間を奪うと同時に、常にその出身地と連携を持ち続けることになります。

かつて都市社会学の創始者であるルイ・ワースは“都市は人種のるつぼ”であると述べました[69]。確かに多様な人種が大都市にはいます。しかし中華街やインド人街などが存在することからわかるように“るつぼ”というほどうまく溶け切れていません。その結果、都市は人種のモザイクであるという言い方がされるようになりました。もちろん本当に長い時間をかければ、徐々に共通了解を形成し、人種も混交し、違いが判らなくなるかもしれません。そして新しい人類社会共通の価値観を構築することができるかもしれません。その意味ではSDGsはその取り組みの第一歩かもしれませんね。しかし同時にバベルの塔の説話ではありませんが、人間の認識の在り方からして、何らかの方法で新たに他者との区別をつけたがるかもしれません。

いずれにしても現状を社会科学的に分析すればそう簡単な話ではないことがわかります。例えば宗教の制約がある以上、イスラムの女性が他教徒と結婚することはできません。異教徒の男性がどうしてもイスラムの女性を好きになり、結婚したいと思えば男性がイスラムに改宗するしかないのです。自己のアイデンティティが文化や宗教と結びついているために同化は決して容易ではありません。特に現代ではもともとの社会集団とのコミュニケーションが継続します。その意味で昔と違い、人口移動する人がその元々帰属していた集団と完全に切り離されるのでない以上、実は同化は決して容易なことではないのです。

11-9. 人口移動は労働力不足の解決手段となりうるか

ここまで話してきて、人口移動を労働力の解決手段として考えることは決して適切ではないということがわかります。人が動くということは生産の要素としての労働以上のものが動くということなのです。

また現在の非常に大きなトレンドとして、無人化工場などに典型的に見られるように、生産から労働が分離しつつあるといえると思います。2030年にもAIが人間の能力を超えるAIシンギュラリティが生じると予測されています。この変化は労働と生産の分離という人類がかつて経験したことのない変化をもたらし、非常に大きな社会変革を要求することになると思いますが、ここで論じるには大き過ぎる課題です。

そのような理由から、労働力が不足するからという理由で人口移動を推奨するのはあまり適切な政策ではないと考えます。最初に述べたように産業界の要請としての人口移動は若くて低廉な労働力が欲しいといっているにすぎません。人口構造の観点から考えてもこの考えは明らかに時代遅れで、過去の成功事例にしがみつき、対処を遅らせるだけではないのでしょうか。

私はロボットを使うよりも安い仕事を移民労働力や若い人にさせるのは基本的に間違った判断だと考えています。現在の経済システムで実は人口と経済成長はあまり相関しません。アフリカで人口が増加しても、教育や雇用がなければ経済成長には結びつかず、社会的な不安定性が増大するだけになる可能性も多いのです。過去の成功にしがみつくのではなく、現代の人口状況や技術を踏まえて、日本がより早く新しい理念を提示していくことが非常に重要になってきます。日本の生産性、特にホワイトカラーの生産性の低さが示すものは、まだまだ成長の余地があるということです。

そして高齢化による年金財政などの破たんが取りざたされますが、支払ったお金はどこかに消えるのではなく循環するはずで、現在の日本の状況は実は平均余命が延びたためにそのような資産移動が停滞している状況を示しているのかもしれません。しかし平均余命も無限に延び続けるわけでもありません。その意味ではそれほど遠くない将来、これまで支出した年金のうちタンス預金などで動かなかった資金が流動性を回復するという可能性も存在すると考えます。

11-10. 現実的な解決法

そうはいってもグローバリゼーションの中で鎖国をするというのは現実的ではありません。人の移動もモノの移動も資金の移動もより活発になっていく中で、日本に魅力を感じ、親和性を持って日本の活性化に貢献してくれる人材は、積極的に受け入れるべきだと思います。

現在、政府が留学生受け入れの拡大のために努力していますが、それは大変有効な方法であるといえます。大学生の時代に学生という立場で日本に来た人は、日本の文化や慣習を受け入れざるを得ません。そして本音で日本の若者と世界の若者が議論していくことができれば、日本の若者にとっても世界の広さを知り、知的な刺激となります。その意味でも、日本に優秀な留学生をできる限り入れていくということは必要なことだと思います。そのためにはまず日本が魅力的な国にならなければなりません。

これからグローバリゼーションの中でコミュニケーションが拡大すれば、世界が日本的な社会になる可能性もあります。そのためにはこれまで暗黙知として意識下に沈潜していた日本の知識を発信していくことも重要になってきます。新しい時代に日本が果たせる役割は大きなものがあると考えます。これまで非言語化されていたものを言語化していく作業は苦痛と負担を伴うかもしれませんが、その努力をすることで、新しい時代における日本のイニシアティブを構築していくことが重要だと考えます。

12
人口問題と人類の課題
—SDGsを超えて

持続可能な社会を構築するために、人口問題をどう理解したらよいかということを、ここまで考えてきました。最後に一番最初に挙げた「人口問題とは何か」という問いに、私なりに答えたいと思います。

12-1. 人口問題の方法論的課題

あらためて、本書を作成した分析の立場を振り返ってみましょう。いうまでもなく人口がいなければ社会はありません。少なくとも私にとって人間のいない社会であれば、何も社会を考える必要はないと思います。その意味では、人間が持続可能に人間の尊厳を持って生きることのできる社会をつくるということが研究の価値観であるということがいえます。

マックス・ウェーバーが提唱した「価値自由」という社会学で重要視される考え方があります。これはよく誤解されている考え方ですが、“価値から自由に研究する”ことではありません。人間は、自分が理解したいようにしか理解できない存在です。ハイデッガーの用語を借りれば、「世界内存在」であるということになります。「価値自由」とは、社会科学の場合、その研究はどうしても研究者自身が属している価値から離れられないことを“意識することの重要性”を述べているのです。

科学的という言葉は諸刃の剣です。研究を行う科学者にとっての科学とは、その使命感に基づき知識の検証を厳密に求めたとしても、一級の研究者であればあるほど自分の研究の限界や制約を知っています。しかしそれを利用しようと思う人にとっては、そのような制約性や混沌とした明証ならざる部分は一顧だにされません。その人たちにとって、科学的に証明されたということは、それがその寄るべき立場によって変化するものではなく、中立的に絶対の真理のごとく受け取られることを利用して、自ら責任を取らずに、実は自らの利益の正当化に利用できる便利な道具となるのです。これは自然科学でも社会科学でも同じだと思います。ただその程度や客観的な検証の程度には大きな差があります。

社会科学においてある価値の中に属している研究者が、別の価値を研究するのですから、どうしても大きくバイアスがかかる可能性はあります。ウェーバーの「価値自由」は、社会科学が原理的に、本当の意味で客観的になれない以上、そのことを意識することの重要性を訴え、可能な限り検証可能な形にすることで客観性を追求することの重要性を述べ、さらにいえば、自分の利益になる価値観を科学という客観的とみなされる用語を使って、主張し責任をとらない姿勢を批判しているのです。

その意味では、私の研究も、人間が人間らしく、尊厳を持って生きていく社会を構築するにはどうしたらよいかという問題意識、言葉を換えれば、私なりの価値観に従って行われた研究であると考えています。

「価値自由」を主張したマックス・ウェーバーは、その中で科学と政策の峻別を説きました。これは政策が意図された成果を上げるためには、ある価値観を扇動するような方法では絶対にその目的を果たし得ないという厳しい認識に基づき、科学の役割を規定したものであると考えています。研究者が担うべきとした、この厳しい責任倫理は、第一次世界大戦の末期に敗色が濃くなり社会的にも不安が広がっていたドイツの現実と反省に基づいて、社会科学の果たすべき役割について示したものであると思います。科学者にそのような倫理観がなければ、無反省に自己の責任に思いをいたすこともなく、思い付きで民衆を扇動する結果にもなります。政治はその責任を政治的にとることになりますが、研究者が責任を取ることもなく指導者に成り代わることを厳しく指弾したのだと思います。当然そのようなデマゴーグは問題を解決することはなく、より悲劇を拡大するだけです。

その後、ウェーバーの願いもむなしくドイツはヒットラーを生み、再び国土を荒廃させました。この反省に立って国連がつくられ、当初は文化的多元主義を掲げ、理想を追求するために、科学と政策の峻別を許容する考え方にあったと思います。しかし、現在、この反省は忘れられているのではないでしょうか。

現在、多くの国連機関がそれぞれのミッションに準じた価値を唱導しています。しかし官僚制の原則に立ったとき、国連機関がなすべきは、価値を唱導することではなく、その価値を実現するためにはどうしたらよいかを冷静に見極め、そのための具体的な対処を取ることではないかと考えています。

人口問題についても同じことがいえます。各地域や文化によって、その対処のために利用できる方法は異なっています。ある価値観に従わない場合、それを遅れていると見下すのは、かつて批判され、反省された考え方であると思います。しかし、現代において再び、西欧先進国の価値観をアラブ地域やアフリカにそのまま適用し、その結果、それが受け入れられず、必要な対処が遅れているという残念な現状があります。

12-2. 持続可能な開発と人口

すでに述べた通り、地球環境が有限である以上、その扶養能力にある一定の限界があることは間違いない事実です。エコロジカル・フットプリント法による計算によれば、1979年にはすでに人類の活動は地球の環境扶養力を超えていると考えられています[70]。その意味では人間の活動をある一定の範囲に収めていくことが、持続可能な開発の条件になることは、どうしようもない事実であろうと思います。厳密にどの程度の人口や生活水準でそれを超えるのか、超えた場合にどの程度の時間この地球環境が耐えられるのか、要素が複雑すぎてはっきりとした予測はできません。

しかし、これまでの人類史を見てわかることは、人間は自分たちの生活ができなくなったとき、何らかの理屈をつけて殺し合いをしてきた歴史だということができます。これは残念なことですが事実でしょう。そうであるならば、この地球環境が人類の活動を支えられない場合、環境破壊が生じ、その結果として扶養力が低下すれば、人間は他者の命を犠牲にすることを正当化しないという保証はどこにもないということです。

論理的には人の命の価値の違いを正当化することはできないと思います。人の命が等価であるならば、自らの命が大切であるためには、他人の命も大切であると考えるしかありません。そのことが理解されれば、他の命を否定することは、自らの命も否定され得るというということも理解されると思います。つまりこれまで定義されることなく使われてきた人権の根拠がここで明らかになりました。

つまり、人権とは自らの命を大切に思うのであれば他者の命も大切に思わなければ、論理的に矛盾をきたすという、人間の認識構造に基づいた力だったのです[71]。人権は自らの命が大切なように他者の命を大切に思い、尊重するところに機能するのです。そして「人権」もまた「義務」を伴います。人権を守る費用を社会で負担するという義務が課されなければ、それを守ることはできません。そうなると「人権」だからといって何でも要求するのは少し違ってきますね。

このような理解に基づいて、本書の課題である“SDGsを超えて持続可能な社会をどのようにつくるか”という問いは、あらためて、この地球環境の中で、そこに生きる人々が尊厳を持って人間らしく生きることのできる社会をいかにつくるかという、問いに置き換えることができることがわかります。そしてその問題こそ、もっとも重要な人類共通の課題ということになります。

自然環境を維持しながら人間が生きるために資源を利用する、英語のDevelopment（開発）には、日本語の「開発」が持つ語感と違って、そこにあるものを展開して利用できるようにするという意味があります。したがって自然が与えてくれたものを人間が生きるために利用することも開発になるのですが、人間目線の短い時間軸で豊かさを享受しようとしたために、人間社会の基盤である自然環境に大きな負荷をかけ、地球温暖化に代表される異常気象を引き起こすなど、人間社会にとっての脅威を生み出しています。これは言葉を換えれば、この地球の人口が急増し、1人当たりのエネルギー消費量が拡大した結果、自然が持っている回復力を超えてしまったということでもあります。

1960年代ぐらいからそのことが意識され始め、1980年代にはこの危機意識は、広く知られるようになりました。そして、それにどうこたえるかが求められました。“はじめに”で述べたように、人間活動の基盤であり、経済活動の基盤である環境を考慮に入れ、その場だけで利益を極大化するのではなく、次世代の生活可能性を維持する開発という意味で、“持続可能な開発”という概念が生み出され、この概念は1987年のブルントラント委員会の最終報告「Our Common Future」で著名になりました。

この委員会は、日本がこの狭い島国で人が生きることを重視し、多くの人口を維持してきた歴史的な英知を反映させたいという隠れた意図のもと、日本の働きかけで設立されたのです。前述しましたが、この時期の日本の卓越した政治家の努力もあり、日本は持続可能な開発概念の成立を導く、指導的役割を果たしていたのです。

そして持続可能な開発の概念を構成した理念は、33年の時を経て、2015年に国連で採択された2030アジェンダと持続可能な開発目標の中に、「誰も取り残さない」という表現でその基本理念となり、広く認知されるようになりました。

その意味では、本書の冒頭で述べたように、人のいない社会はないのですから、人々が人間らしく生きていくことのできる社会を構築することは究極の目的であり、人口問題は開発目標から離れたのではなく、開発目標そのものになったのだと考えています。

12-3. 人口の2つの要素

どのような社会を構築していくかは、これまでの知見を踏まえたうえで今に生きる人の責任です。本書の目的は人類社会を人間の尊厳の保てる社会とするために、社会そのものである人口とそれを中心としたさまざまな課題の大枠を整理する視点を提供することでした。

これを示すある意味での地図がなければ、どのように努力してよいかを含め、多くの議論が隘路に入り込み、答えが出ないままになりがちです。本書では、できる限り人口問題という人間の問題の中で生物としての人間から権利まで、議論の錯綜する問題に対し、筆者にとって可能な限り明確な視点を提示する努力をしてきました。

本書の目的である人口問題の鳥瞰図を把握するために、最後にあらためて人口問題の要素を整理します。すでに述べてきたことですが究極的に人口問題は2つの要素、死亡と出生だけで構成されています。自殺はあるとしても、死にたくて死ぬ人はあまりいません。その意味では多死から少死への過程である死亡転換は、医学や栄養、公衆衛生の進歩という技術的、経済的要因でほぼ規定されると考えてよいでしょう。

これに対して出生は複雑です。そして死亡転換に多産から少産への移行過程である出生転換が遅れて生じることで人口増加は起こります。つまり人口の安定化という観点から考えれば常に出生転換がなぜ遅れるのかということが中心的な課題となるわけです。少子化問題への対応が難しいのもまったく同じで、技術的な対応をすれば問題が解決するというものではないということです。私としては一人ひとりの選択には誰も口出しをすることはできないので、子どもを持ちたい人が持てるように条件を揃えるぐらいしかないと考えています。

12-4. 出生という行為の特殊性と望まない妊娠を防ぐことの重要性

出生という現象は人間の行為の結果と考えていますが、それが普通の行為と違う点が根本的にあると思います。人の人生に与える影響を考えると、出生は「選択」とはいっても恣意的に何とかできるものというよりは、一人ひとりの人生の中でのぎりぎりの選択を反映したもので、おそらく他の選択の余地がないものだということです。恣意的にどちらでも選択できるという性質のものではありません。当事者にとってみたら選択したという意識すらないかもしれません。

そしてまた行為とはいってもそれは親の行為の結果であって、生まれてきた子どもには自分の出生に何の責任もないということです。この点が通常の行為と決定的に違っている点となります。生まれてきた子どもはその出生に責任をとることは絶対にできないのです。その意味からいえばすべての子どもが祝福されてこの世に生を受けることができる環境を整えることは私たちの責任といえます。

この、すべての子どもが祝福されて生まれて来るようにする。これは持続可能な開発の観点から考えても非常に妥当な目標です。そしてSDGsの理念から考えても望ましいことです。

これまでの経験則からいって乳幼児の死亡率が十分に低くなれば、出生は必ず低下します。どうしても出産に際し、残念ながら医学的に見てもどうしても救うことのできない事例はあります。しかし、そのような例を除き、適切な医学的な対応がなされ救える命が救われる社会、つまり言葉を換えれば可能な限り十分に乳幼児死亡率が下がったような社会は、近代化した社会だといえます。

子どもを持つということは大変な喜びですが同時に負担でもあります。上記のような生まれた子どもが確実に育つ環境では、そこでよい生活をするためには高い教育が必要でその教育費負担などもあり、さらに親が教育を受けている場合、平均婚姻年齢が上がることもあり、カップルの平均子ども数は2名程度、多くとも3名程度になります。

社会には子どもを待たないことを選択する人も必ずいますから、その社会の出生率（TFR）は2.05程度と考えられる人口の置き換え水準を下回ることになります。

今の日本の少子化の問題点は、カップルの希望を満たした結果として生じる緩やかな少子化ではないという点です。日本における少子化の具体的原因として、若者の非正規就労などによる経済的な不安定性が婚姻を妨げているといわれることが多いかと思います。このような経済的な不安定から将来に対する希望が持てず、さらにいえば自分の生活だけで手一杯で、子どもを持つまでの余裕がない、ということは事実でしょう。

これに加え現在の少子化の原因は、このような経済的な理由ばかりではありません。性と婚姻が分離したことなども大きな理由となって、明治以降の日本の普遍的価値観となっていた皆婚という規範が崩れたことも挙げられると思います。性と婚姻の分離という人の生き方の価値観の変化が生じた中であっても、出生と婚姻は分離していないのです。

現在でも日本人の婚姻以外の出生が世界で最も低い水準となっていることはよく知られていると思います。前述した通り日本において今なお出生と婚姻はほぼイコールといっていいほど結びついているのです。ここで注意していただきたいことは、出生と婚姻が分離することが望ましいなどといっているわけではありません。

現実を考えると婚姻以外の出生は、多くの場合、そのお母さんにとっても子どもにとっても厳しい環境を強いることになります。この対処は単なる経済的補助だけで対処できる問題ではありません。子どもの幸せを考えるならば、さまざまな側面を総合的に勘案する必要があるでしょう。これらの分析視角に基づいて考えてみると、日本で少子化対策をしようとするならば、若者が置かれた経済的な状況に対する研究分析を行うとともに、日本人の規範構造を掘り下げるような研究分析が対策のための基盤として不可欠になると思います。

少子化対策が求められる社会的な理由としては、極端な少子化によって、ある程度の出生率を前提として制度設計をされていた年金・社会保障制度をはじめとした社会制度の変革が追いつかないこと、これまでの若者人口が大量にいる中で安価な若者労働力に依存してきた産業界が対応できないことなどが挙げられます。

しかし、それをいくら主張したとしても、若い女性が子どもを産みたいと思わないことだけは確かでしょう。対策できるとしたら、若者が何を求めているのかを探ることが第一で、その正確な分析に基づいて、若い人たちが子どもを持つことのできる社会環境をつくることが重要になります。その意味では本書で提出した対策も一つのアイデアだと思っています。

仮定の話ですが、これからの人口の趨勢を考えると仮に望まれた出生をすべて可能にしたとしても、望まない妊娠を完全に防ぐことができれば、人口はおそらく増える方向には行きません。世界人口は増加し続けていますが、統計的に推計すると、その大きな部分が望まない妊娠・出産によるものだということができます。したがってそれを防ぐことができれば、その増加は非常に短い時間で安定化させることができそうです。

そしてこれまでの研究からわかることは、出生という行為が社会の価値観に強く縛られていて、社会的な環境の変化への対応が遅れるとしても、それは意外に短い期間で変化するということです。人口増加の主因は、死亡転換に対し出生転換が遅れる結果として生じたものですが、アジアの出生転換に対する研究からわかったことは、仮に規範の変化に時間がかかるとしても、その変化を促すような条件の整備が行われれば、現在のような人口増加は急速に抑制することができるということです。

今、世界的にインターネットの普及に伴う情報通信の拡大で、先進国の情報をアフリカのサバンナの住人でもスマホを通じて知っている状態になっています。そのような中で若者の規範も急速に変化していることもあり、人口の増加はそれを希望しているからというよりは、家族計画などの機材が入手できないこと、知識がないこと、サービスがないことによって生じていると考えられます。

当然のことですが望まない妊娠は、多くの不幸を生み出します。多くの場合は子どもが生まれるために必要となる支援が得られないなどさまざまな困難に直面しますし、そこで生まれた子どもは虐待の被害者になったり、十分な教育が受けられず、貧困の再生産に繋がったりします。これを防ぐためには、親は次の世代を産むためには男女ともに責任を持った行動をしなければならないということです。

アメリカの研究データ[72]によると、意図された妊娠による出生、意図されない妊娠による出生、中絶の比率はそれぞれに50.4%、23.0%、26.6%となっています。これは、受胎した命の約半数が意図されてこの世に生を受け、残りの約半数が意図されないままこの世に生を受け、さらにほぼ同数が中絶という形で命を失っていることを示しています。

数字のうえでのことですが、この割合を国連人口部の統計データ当てはめて世界人口でどうなるか単純計算してみることができます。具体的に、この数字を2020年から2025年までの世界人口の推計に当てはめてみると、毎年の平均出生数が1億3,953万人、そのうち意図されてこの世に生を受ける子どもが9,581万人。意図されないで妊娠しこの世に生を受ける子どもが4,372万人、中絶で失われる命が 5,057万人ということになります。割合でいえば毎年生まれてくる子どもたちの31%以上が望まない妊娠、望まない出産の結果としてこの世に生まれてきているということです。

このように中絶で命を失う命の数は毎年約5,000万人に及びます。命が奪われるということからいえば、どれほどCOVID-19が猛威を振るっても、これほどの影響を与えることはできないでしょう。しかし、人口の分野では、毎年このような悲劇が起こっているのです。

そしてこの世に生を受けた子どもたちも、望まない妊娠、望まない出産で生まれた子どもたちは過酷な運命を強いられがちです。親にとって愛すべき対象ではなく疎ましいものとなれば、その子は自らの存在価値を実感することなく成長しなければなりません。さらに教育投資も行われないとなれば貧困の再生産の最も大きな原因となります。

厚生労働省の調査でも虐待の主な被害児童は、望まない妊娠、出産によってこの世に生を受けた子どもたちということになっています。つまり環境負荷の面でも、社会問題の根源を解消するためにも望まない妊娠を防ぐことは決定的に重要なのです。この世に生を受ける新しい命は祝福されて、望まれて生まれてくるべきであると思うのです。

したがって、持続可能な開発に向けた根源的な対処の一つがこの望まない妊娠を防ぐことになります。そうすることで、すべての人が自らの選択を尊重し、不幸を減らすことができるとともに、地球環境安定化の、持続可能な開発の前提となる人口の安定化をもたらすことができます。そしてその人々の切実なニーズに基づいた選択を支援することが現在の人口問題への対策であり、それは非常に重要なことだと考えています。いろいろな議論はあるとしても、各文化で受け入れられる方法で望まない妊娠を防ぐことができさえすれば、持続可能な開発達成の条件となる人口の安定化を達成することができるということです。

13
人口問題のパースペクティブ

13-1. 人口と想像力

人口を考えるときには想像力が不可欠です。“はじめに”で述べたことではありますが、数字にしてみるとリアリティが失われることがしばしば起こります。世界人口が80億人とか数字で表されます。そこで１人増えようと１人減ろうとあまり一喜一憂しないと思います。しかし80億人であればそこには80億人一人ひとりのかけがえのない人生があり、本書を読まれているみなさんと同じ命の価値を80億の一人ひとりが持っているということです。

数字としてみれば、出生が１人増えた。死亡が１人増えたとしか記載されません。しかし１人の赤ん坊が生まれるまでには、人が恋をし、結婚をし、という多くのドラマがあります。恋の駆け引きやジェラシーもあるかもしれません。また悲しい状況の中で生れてくる子どももいるでしょう。さまざまなドラマがあるのです。一人の子どもが祝福されて生まれてくるとき、お母さんは出産という大きな試練に立ち向かっています。そのお父さんは産院の廊下でウロウロしているかもしれません。そして医師や助産師、看護師が働き、ミルクだ、おむつだと大騒ぎしていることでしょう。

そして１人の人が亡くなるときにも多くのドラマがあるでしょう。１人が亡くなって悲嘆にくれる人がいる場合も、絶望に苛まれる場合もあるでしょう。そして、人によってはホッとしたり安堵する場合すらあるでしょう。

アジア各地の現地調査を通じ、各国の人口統計がつくられるプロセスを見て、人口統計はただの数字ではなく、一人ひとりの切実な生活の結果であることがわかりました。格好つけていえば数字の後ろにある人々の声や姿、生活が見えたとき、私にとって人口はただ数字ではなくなりました。どうしようもない人間の選択の結果を如実に示すものだということが実感できたのです。

その意味で人口を考えるということは、政策の基盤であり、社会を理解する基盤であり、人類が生きていく途を考える基盤であるといえます。したがってそれは地球の歴史や文化、経済を俯瞰する視点を与えてくれます。そして、私たちが向かうべき将来へのパースペクティブも示すことになります。

過去の人口は私たちがどのよう生きてきたかを示し、現在の人口は今生きている私たちの姿を示すものです。未来の人口は環境制約などでどうなるかはわからないものの、現在の条件が続いたらという仮定のもとで、未来の姿を示すことになります。つまり、人口は、その社会の基礎的な条件を示し、これからどのように生きたいのかを考え、未来をどのように構築したいのかを考えるための最も基礎的な条件となるのです。

本書は、人口こそ人間社会そのものだという視点から、持続可能な開発の目的は、この人口が人間として尊厳のある人生を歩むことのできる社会を構築することである、という理念に基づいて執筆されました。その意味では50年前に日本から始まった、持続可能な開発という文脈の下で人口問題を考えるということの一つの成果であると思います。

本書で、提示した一つひとつの事実はそれぞれの分野では常識といえる内容であり、それほど目新しいものではありません。むしろ古くなった知識かもしれません。しかし一見バラバラに存在している事象を人口という視点で位置付け、その関係性を全体的に示す試みはかなりの冒険であり、そのような鳥瞰的な視点は、世界で初めての試みであると考えています。

このような人口問題の鳥瞰図を示すことで、持続可能な開発を実現するための道筋を効率的に議論するための思考の枠を示すことができます。自らの立ち位置がわからなければ、何のために努力しているのか、どこに行きたいのかを見失うことになると思います。

13-2. 持続可能な開発に向けた科学の課題 —総合化への提言—

世界内存在としての人間が思っている主知的な世界と人口の関係でいえば明らかに人口の方が基底的な「層」に当たります。本書では地球環境と人口、人口と社会を層の関係ととらえ、その関係性を考えてきました。そして制限と制御の関係から、その相互作用を考えてきたわけです。

この視点から、人口と社会の関係を考えるとき、重要なことがわかります。社会で生きている私たちが行為する際に、社会を基盤から制限している人口は意識にのぼりにくいということです。

本書でもその解明を試みましたが、人口問題はそれを考えている人間自身をその存在から規定するという、通常いわれる認識論的な難問を超えて、存在論的な難問を突きつけることになります。この問題に対する現実的な解決方法の一つが、考えないこと、というのはいい過ぎでしょうか。いずれにしても、私たちの社会を規定する制限的な要素は所与のものとなってしまい、意識から遠ざけられます。

そして置かれた条件を前提として、その環境に適応すべく、行為の正当化が行われ価値観が構成されると考えることができます。そしてそのような過程の一環として国家権力や宗教権力を含めた価値の絶対化も図られると考えることができます。

宗教的な真実の問題ではなく、宗教の受け取られ方もそのような形で理解することができます。ご存知の通り、ユダヤ教、キリスト教、イスラム教の信者を経典の民と呼ぶことがありますが、そこで強調されるのが正義です。正義が重要であることは事実ですが、正義を振りかざす人に特徴的なのは、誰にとっての正義なのかは問われていないということです。

なぜか神ならざる身の自分が神と同一視され正義になってしまいます。そして、それに対抗するものは否定すべき存在となってしまいます。このような構造の中でそれぞれが自分が正しいと考えれば、他者を否定する戦いが、神様まで巻き込んで正義の名のもとに起こることは容易に理解できます。

経典の民の宗教が生まれた中東地域は、砂漠や半乾燥地域です。その地域の生態系の人口扶養力は限られたものです。そして人類史的に考えれば、比較的感染症が少ない地域でもあります。家族計画などがなかった時代に常に人口圧のプレッシャーが存在していたであろうことは当然のこととして推測できます。

貿易などの発達があり見えにくくなっていますが、単純化していえば、人口はその生態系の扶養力の範囲を超えて存在することはできません。限られた人口扶養力の地域で高い人口圧力が存在していれば、その調整メカニズムがどうしても必要となるのです。このような地域で生まれた宗教が正義を強調するのも、正義の名のもとに、神の名のもとに他者を否定する機能を持っていたからだと考えることもできます。そしてどういうわけだか神様の名の下に行われる正義に基づいていれば、いかなる暴虐な行為に関してもそれを行うことの自責の念が生じないことも歴史が教えるところです。

当然のことながら、このような人類が繰り返してきた行為は、自らの正義を問う謙虚さがあれば、生じないことなので、これは人の罪ではあっても神様の問題ではないでしょう。

持続可能な開発に必要な社会科学研究を行う場合に、私たちが意識している普段の行為を規定している条件が忘れられがちだということは強調しておく必要があると思います。

人口問題が引き起こしている問題であっても、それを価値の問題に置き換え、原因の解明もないまま、正当化しているということができるのです。社会の問題を解決に向けるうえで価値の議論をしても、最終的に信じる信じないの話になり、その根本的な解決に向かわないことは理解できると思います。

ICPD以降の人口問題はまさしくこのような不毛な方向に向かってしまいました。“中絶が女性の選択権として人権である”という議論、“命が宿った瞬間から胎児に人権があり、それが守られるべきだ”という議論が、何の根拠もなく“進歩的”、“保守的”と区分されラベリングされました。ここまでの分析を読んでくださった読者であれば、そのような議論はそもそも問題設定が違っており、その方法では解決できないことが理解できると思います。そして筆者自身1994年ICPD以降、人口問題が価値の闘争に置き換わって、運動となったときに感じた強い違和感の正体が今やっとわかった気がします。

今考えるべきは、人の命が等価であり、自らの命の価値と同じ価値を他者が持っていることを前提とするとき、それを可能にする条件を整備していくことが持続可能な開発の基盤になるということです。その意味からも人口問題への取り組みが重要であり、地球への環境負荷の問題を解決に向けるためにも、虐待などの社会問題を解決に向けるうえでも望まない妊娠を防ぐことは決定的に重要だといえるのです。

地球規模の問題であっても、それは地球に生きる私たち一人ひとりの行為の集合でしかありません。その意味では一人ひとりの行動を変えることでしか、地球規模の課題を解決に向けることはできないのです。そして合成の誤謬を避けるためには「層」の考え方を導入し、各分野の研究を進めると同時に、全体像への意識を持つことが重要であるということになります[73]。

そして政策はそのミクロの最適化とマクロの最適化が、個人の行為のレベルで調整できるように介入していく必要があるということです。私たちは、近年の急速な学問研究の進展によって、総合化を達成し、持続可能な開発に向けた方向性の形成が可能になっている時代にいるのだと思います。

そして、ここで前提となっている命の等価性を前提としているのはまさしく民主主義であり、国会議員活動を通じてその支援を行い、アジア、アラブ、アフリカのネットワーキングを行ってきたこれまでの活動は一貫性を持っていたということをあらためて確認しています。

学問の発展によって思い込みではない知識が集積しているということと、世界の政治システムの主流が民主主義となってきたことは、人類史の中でも初めての経験であると思います。この機会を活かさなければ私たちの未来はありません。

もちろんさまざまな角度からの議論はあり得ます。しかし、現在、話題になっている議論の多くは本書で提示した枠組みの中に位置付けることが可能ではないかと思っています。そしてその全体像の把握がなければ、問題を明らかにし、どのように解決に向けるのか。その際にどのような負担が必要になり、どのような成果が期待できるのかについての建設的な議論はできないと思います。

おわりに

筆者は、人間の尊厳を守ることができる社会の構築を行うためには、これまでの自然科学、社会科学の知見を総合し、それを実現できる社会システムを構築することなくそれを達成することはできないと考えます。それはある特定の価値観を普及するということではなく、現在の科学的知見を踏まえて、生産的な議論を行うことで、共通了解を醸成し、これまでよりも長い時間的な幅での新しい合理性を構築することが必要だということです。今、これまでの研究が進展した結果として歴史上初めて妥当性のある総合を形成する可能性が生まれています。そして政策面では、そのような合理性が経済的にも妥当なものとなるような税制を構築するなどの政策形成を行うことが必要です。

本書では、そのような議論の基盤となることを目的として、私の考える人口と持続可能な開発問題の枠組みを提示しました。果たしてその試みが成功したのかについては、読者のご叱正をお待ちしたいと思います。私たちの未来をどのようなものにしていくのか。これは今に生きる私たちに託された責任であり、私たち一人ひとりがその判断を行うべき当事者なのです。

失われた30年を経て、世界の経済発展において周回遅れともいわれている日本が、実は持続可能な開発の先頭に立っているかもしれません。そして今、世界に先駆けて日本が行っている努力が、これからの地球社会を構築していくうえで重要な役割を果たす可能性も十分にあると思っています。私たちにとって重要なことは日本の置かれた現状に積極的な意味を見出し、希望を見出していくことだと思っています。

本書がこれらの点で何らかの貢献ができたら、筆者としてこれ以上の喜びはありません。ここまでお付き合いいただいたことを心から感謝いたします。

注ならびに引用文献・出所

1　初代：佐藤隆・元農水大臣、2代：桜井新・元環境庁長官、3代：谷津義男・元農水大臣、4代：福田康夫・元内閣総理大臣、5代：武見敬三・参議院議員。筆者は2代、3代、4代AFPPD議長の補佐を務めた。またAFPPDが世界の国会議員の人口と開発に関するネットワーキングに中心的な役割を果たしたことが評価され2010年国連人口賞を受賞した。

2　竹内啓、『人口問題のアポリア』、pp.6-7、岩波書店、1996

3　https://ja.wikipedia.org/wiki/ウィリアム・ヘンリー・ドレイパー・ジュニア（米国陸軍省次官として日本の占領政策から復興政策への移行に強い影響を与え、さらに戦後の人口分野の国際協力に中心的な役割を果たした）。

4　岸信介、福田赳夫、羽田孜、小泉純一郎、森喜朗、安倍晋三、福田康夫、鳩山由紀夫

5　Emmanuel Todd（1992）、エマニュエル・トッド（著）、石崎晴己・東松秀雄（訳）、『新ヨーロッパ大全』、藤原書店、1992

6　出所：国連人口基金駐日事務所HP

7　出所：https://population.un.org/wpp/Download/Probabilistic/Population/（2022-6-26）

8　http://www.kahaku.go.jp/special/past/japanese/ipix/1/1-14.html#

9　出所：https://commons.wikimedia.org/wiki/File:Early_migrations_mercator.svg

10　Isaac Asimov（1971）, *The Power of Progression*, The Stars in their Courses, アイザック・アシモフ（著）、山高昭（訳）、アシモフ科学エッセイ〈5〉「等比級数の威力」、『わが惑星、そは汝のもの』、早川書房、1979

11　ハテライト指数（Hutterite indices）出生力水準と結婚の普及状態を表す4種類の指標。ことに歴史人口学的研究で広く用いられる。北米に住むキリスト教の一派ハテライトに見られた記録史上最高の出生力水準（自然出生力）を基準とした一種の間接標準化法を利用したもの。
出所：『出生力関連用語解説』、日本貿易振興機構（ジェトロ）アジア経済研究所/Institute of Developing Economies, Japan External Trade Organization（IDE-JETRO）http://www.ide.go.jp

12　出所：縄田康光、参議院常任委員会調査室第三特別調査室、「歴史的に見

た日本の人口と家族」、『立法と調査 2006.10 No.260』より。

13 出所：国立社会保障・人口問題研究所ホームページ
(https://www.ipss.go.jp/) 人口ピラミッド1950、2000、2040各年次。
https://www.ipss.go.jp/site-ad/TopPageData/PopPyramid2017_J.html

14 この問いに答える形で筆者の博士論文は執筆され、人口転換と規範の変化、さらにその規範の変化を引き起こす条件の変化を実証的に示すことができた。

15 Joel E.Cohen (1996), *How Many People Can the Earth Support?*, W.W. Norton & Company; Revised ed. edition

16 現在、望まない妊娠 (un wanted pregnancy) に代わって意図しない妊娠 (unintended pregnancy) という言葉が使われるようになっている。現実的な人間社会において私たちがすべて主知的に意図して行為するものではないこと、さらに意図しなくとも、その妊娠が望まれている場合がありうることを踏まえて、特別な場合を除き"望まない妊娠"で統一する。

17 2012年版簡易生命表による。75歳時平均余命は女性で15.27歳、男性で11.57歳である。

18 http://ja.wikipedia.org/wiki/%E3%81%8A%E3%81%B0%E3%81%82%E3%81%95%E3%82%93%E4%BB%AE%E8%AA%AC (おばあさん仮説)

19 Bryan Sykes (2001)、ブライアン・サイクス (著)、大野晶子 (訳)、『イヴの七人の娘たち　遺伝子が語る人類の絆』、河出書房新社、2020

20 厚生労働省『令和２年 (2020) 人口動態統計 (確定数) の概況』令和４年２月25日

21 https://ja.wikipedia.org/wiki/江戸時代の日本の人口統計

22 Thomas Robert Malthus (1798)、マルサス、トマス・ロバート (著)、斉藤悦則 (翻訳)『人口論』、光文社、2011

23 拙著、「国際人口開発会議 (ICPD) から25年―未解決の問題としての「中絶」―「人権」と「宗教」との対立の構造と解決に向けた試論」、2019年６月および「人権の根拠について―人権とは何か：支配の正当性からの分析―」、『社会学論叢』、198号、日本大学社会学会、2020年６月、pp.181-204に定義しました。

24 外務省仮訳『世界人権宣言』、
https://www.mofa.go.jp/mofaj/gaiko/udhr/1b_001.html

25 Michel Polanyi (1966)、マイケル・ポラニー (著)、佐藤敬三 (訳)、『暗黙知の次元』、紀伊国屋書店、1980

26 太陽エネルギーはいうまでもなく水素からヘリウム、最終的には鉄に至る核融合で生み出されるエネルギーである。

27 地熱は地球が形成されるときに小惑星が衝突した (つまり重力に引き寄せられた) ときの位置エネルギーとそこに含まれていた放射性物質の崩壊熱がその源泉と考えられている。

28 核分裂はいわゆる放射性元素が崩壊する過程を意味し、その過程で出る熱を利用するものである。核分裂を起こす物質が形成されるためには超新星爆発などの極端な重力集積が必要であると考えられている。その意味で核分裂物質は重力の缶詰と考えられている。

29 http://ja.wikipedia.org/wiki/ (スノーボールアース)

30 p.35, Wilson, Edward.O. (1993/1999), The Diversity of Life, W.W.Norton & Company 1999

31 Marvin, Harris (1977)、マービン・ハリス (著)、鈴木洋一 (翻訳)、[ヒトはなぜヒトを食べたか—生態人類学から見た文化の起源] (ハヤカワ・ノンフィクション文庫)、1990

32 松井孝典　東京大学教授による推計 (松井、2002)。

33 http://www.cger.nies.go.jp/cgernews/

34 東木龍七 (1926) :「地形と貝塚分布より見たる関東低地の旧海岸線」、『地理学評論』、2,597-607,659-678,746-774. (http://s.webry.info/sp/xn--6oqx0rr6y8tdfsd.at.webry.info/201411/article_1.html)

35 https://www.nasa.gov/feature/goddard/2016/climate-trends-continue-to-break-records

36 https://www.enecho.meti.go.jp/about/whitepaper/2020html/2-2-1.html 「経済産業省資源エネルギー庁令和元年度エネルギーに関する年次報告」(エネルギー白書2020)

37 岡崎陽一、安川正明、村松稔、国井長次郎、永木春雄、『新版　図説人口問題』、社団法人日本家族計画協会、新宿書房、1978年。United Nations, World Population Prospects 1973.

38 別府志海・佐々井司、「国連世界人口推計2012年版の概要」、国立社会保障・人口問題研究所、『人口問題研究』(J. of Population Problems) 71－3

（2015.9）pp.260-29

39 https://esa.un.org/unpd/wpp/Download/Standard/Population/

40 経済産業省（http://www.meti.go.jp/report/tsuhaku2011/2011honbun/html/i1110000.html）

41 pp.273-274、内嶋善兵衛、『食糧・農業・地球環境』、鉱脈社、2012年

42 https://www.nature.com/articles/s41586-020-3010-5

43 https://ja.wikipedia.org/wiki/人新世

44 出所：http://www.physicalgeography.net/fundamentals/8b.html など資料より筆者算出

45 John M.Evans/USGS-USA Gov, 翻訳：鈴木康、呉地正行、（雁を保護する会）

46 Postel, Sandra (1996), Dividing the waters: Food Security, Health and the New Politics of Scarcity, Worldwatch Papers132. 1996. サンドラ・ポステル著、内嶋善兵衛監修、『欠乏の時代の政治学―引き裂かれる水資源―』、財団法人アジア人口・開発協会（APDA）

47 http://svs.gsfc.nasa.gov/30165

48 http://neo.sci.gsfc.nasa.gov/view.php?datasetId=SEDAC_POP

49 沖大幹、鼎信次郎、「地球表層の水循環・水収支と世界の淡水資源の現状および今世紀の展望」、『地学雑誌』、Vol.116（2007）No.1 pp.31-42、編集・発行：公益社団法人東京地学協会

50 同上

51 「日本の水資源と水循環の現況」、『平成26年版日本の水資源について』、国土交通省 水管理・国土保全局水資源部、平成26年８月。

52 同上

53 出所：東京大学　沖研究室
http://hydro.iis.u-tokyo.ac.jp/Info/Press200207/

54 Harris, Marvin（1977）、前掲書（1990）

55 http://hydro.iis.u-tokyo.ac.jp/Openhouse2009/openhouse2009.pdf

56 http://www.mlit.go.jp/common/001020285.pdf

57 http://natgeo.nikkeibp.co.jp/atcl/news/16/122700501/

58 楠本悠「Stop　人間だけのものじゃない!!」東京ガス主催「地球大好き絵メール」2003年度大賞受賞

59 http://www.mext.go.jp/b_menu/shingi/gijyutu/gijyutu0/shiryo/attach/1331533.htm

60 出所：http://www.un.org/en/development/desa/population/migration/index.shtml

61 出所：International Migration Report 2017, United Nations Department of Economic and Social Affairs/Population Division.

62 Robert Redfield and Milton B.Singer, *The Cultural Role of Cities*, Economic Development and Cultural Change, Vol.3, No.1, The Role of Cities in Economic Development and Cultural Change, Part 1, pp. 53-73, The University of Chicago Press（Oct., 1954）

63 Bryan Sykes（2001）前掲書

64 近年の急速な人類学的発見によって、これまではっきりしなかったネアンデルタール人やデニソワ人の遺伝子が現代人にも混ざっていることが明らかになるなど、人類進化の知見は急速に変化しているが、その比率からいえばやはりアフリカ起源を取ることが妥当であろうと考えられている。したがってここでは理解を簡単にするためにアフリカ起源説によります。

65 出所：崎谷満、『DNAでたどる日本人10万年の旅―多様なヒト・言語・文化はどこから来たのか？』、昭和堂、2008

66 出所：a b Gray, R.D.; Atkinson, Q.D.（2003）, "Language-tree divergence times support the Anatolian theory of Indo-European origin", Nature 426: 435-9

67 出所：https://zh.wikipedia.org/wiki/中国人口史（曹树基『中國人口史.第五卷』、復旦大学出版社、2001）

68 矢崎武夫、『日本都市の発展過程』、弘文堂、1962

69 Louis Wirth, *Urbanism as a Way of Life*, The American Journal of Sociology, Vol.44, No.1（Jul., 1938）, pp.1-24, The University of Chicago Press

70 Mathis Wackernagel, Niels B.Schulz, Diana Deumling, Alejandro Callejas Linares, Martin Jenkins, Valerie Kapos, Chad Monfreda, Jonathan Lohi, Norman Myers, Richard Norgaard, and Jørgen Randers, *Tracking the ecological overshoot of the human economy*, edited by Edward O. Wilson, Harvard University, Cambridge, MA, and approved May 16,

2002 (received for review January 17, 2002)

71 拙著、「人権の根拠について―人権とは何か：支配の正当性からの分析―」、『社会学論叢』、198号、日本大社会学会、2020年6月、pp.181-204

72 Stanley K.Henshaw, *Unintended Pregnancy in the United States*, Family Planning Perspectives, Volume 30, Number 1, January/February 1998, Guttmacher Institute, 1998s

73 ここで取り扱った『層』の考え方は、かつてマルクスが提示した下部構造による上部構造規定論にも似ているが、下部の層に規定されるとして還元するのではない。下部の層が与える制限的な要因が、上部の層である価値観をその制限の範囲内で行為できるように形づくるとしても、どのような形でそれを構成するかは上部の層である文化的要素で決まる。さらにこの上部の層の働きで、社会の下部構造を構成している人口も変化する。その意味では制限と制御の関係にあるが、下位の層と上位の層は相互作用しており、社会がこの相互作用で構成されているととらえている点で根本的な違いがある。『層』の理論は、それぞれの法則性を追求する考え方であるとともに、その相互作用を念頭に置いています。またここでの分析は、マックス・ウェーバーの視点に準拠して資本主義経済そのものもイデオロギーの一種であり価値の問題と考えるところなど基本的に視点が違っていると考える。

業績リスト

2022-09-01現在

学術論文

学位論文

博士論文

『アジアにおける人口転換―出生力転換を中心とした東南アジア，南アジア，西アジア，中央アジアの比較―』，博士（国際学）学位論文，明治学院大学乙第２号，明治学院大学大学院国際学研究科，（2006年３月16日博士号授与）

著　作

1.『アジアにおける人口転換―11カ国の比較研究―』，明石書店，2006年９月１日
2.『人口問題と人類の課題―SDGsを超えて』，時潮社，2022年10月

学会審査論文（査読付きレフリー論文）

1.「経済的権力の背景」（研究ノート），『経済社会学会年報』Ⅸ（情報と社会システム），経済社会学会，1987年10月，pp.193-200
2.「権力における信念体系の役割」，『社会学論叢』102号，日本大学社会学会，1988年７月，pp.22-33
3.「権力分析の視点から見た“自由”の研究」，『年報社会学論集』２号，関東社会学会，1989年６月17日，pp.37-48
4.「社会科学方法論としての理解についての再考察」，『経済社会学会年報』Ⅻ（闘争・競争・協調），経済社会学会，1990年９月，p.205-p.219
5.「予言の自己成就の分析―状況の概念を中心に」，『経済社会学会年報』XIV（ソ連邦崩壊の衝撃），経済社会学会，1992年10月，pp.236-249
6.「フィリピンの社会構造における植民地支配の影響」，『社会学論叢』115号（松島静雄教授記念号），日本大学社会学会，1992年12月，pp.77-92
7.「スリランカとマレーシアにおける民族問題の比較研究」，『年報社会学論集』６号，関東社会学会，1993年６月，pp.203-214
8.「社会変動における状況の役割と機能」，『経済社会学会年報』，XV（経済・社会理論の再構築），経済社会学会，1993年９月，pp.207-220
9.「権威の形成とその基本構造」，『社会学論叢』126号，日本大学社会学会，1996年６月，pp.21-37
10.「カンボジア労働者の規範構造―カンボジアにアノミーはあるか―」，『経済社会学会年報』XXIV（二元的秩序の超克―市場と国家を超えて―），経済社会学会，2002年10月，pp.153-161
11.「イランにおける人口転換とイスラーム――イラン・シーア派における教義解釈の変更がイランの人口転換に与えた影響――」，『社会学論叢』，145号，日本大学社会

学会，2002年12月，pp.83-106

12. 「持続可能な開発と人口問題―南北問題の地平―」，『経済社会学会年報』，XXV，経済社会学会，2003年９月，pp.25-39
13. 「Key Note：アフリカ開発への危惧　フードセキュリティと人口の視点から」，pp.24-28，ARDEC　2014年３月号，海外情報誌編集委員会編，一般財団法人日本水総合研究所，2014年３月
14. 「国際人口開発会議（ICPD）から25年―未解決の問題としての「中絶」―「人権」と「宗教」との対立の構造と解決に向けた試論」，2019年６月
15. 「人権の根拠について―人権とはなにか：支配の正当性からの分析―」，『社会学論叢』，198号，日本大学社会学会，2020年６月，pp.181-204

その他論文

1. 「知識社会学における“知識”について―社会科学認識論として―」，『ソシオロジクス』８号，日本大学社会学研究会，1985年，pp.50-65
2. 「マックス・ウエーバー“理解社会学のカテゴリー”に見るマックス・ウエーバーの“理解”に関する考察」，『ソシオロジクス』９号，日本大学社会学研究会，1986年，pp.37-56
3. 「知識論と認識構造」，『ソシオロジクス』10号，日本大学社会学研究会，1988年９月，pp.40-57
4. 「認識論と存在論からみた価値の構造」，『ソシオロジクス』11号，日本大学社会学研究会，1989年３月，pp.45-72
5. *The effects of colonial domination upon the social structure of the Philippine*, 1997年，未発表
6. 「人口問題の視点から見たアジア諸国における開発問題と国際貿易交渉」，2006年11月14日，全国農業協同組合中央会，協力のためのアジア農業者グループ（AFGC）第４回特別セミナー，基調講演
7. *Development Tasks in Asian Countries and Global Trade Negotiations from the Viewpoint of Population Issues*, 14 November 2006, Central Union of Agricultural Cooperatives Fourth Special Seminar, Asian Farmers' Group for Cooperation, Keynote Address.
8. 「リプロダクティブ・ヘルスの推進と保守派―引込み線の重要性」，『人口と開発　100号』，財団法人アジア人口・開発協会，2008年１月，pp.36-40
9. 「黒田先生の思い出」，『人口と開発　104号』，財団法人アジア人口・開発協会，2009年１月，pp.40-44
10. *The Need for the Establishment of an ASEAN Agricultural Cooperative Network-From the Perspective of Population and Food Security*, 2009年10月８日，財団法人アジア農業組合振興機関主催，「アセアン地域農業協同組合ビジネス・ネッ

トワーク構築」に関するセミナー

11. *Climate Change and its Impact on the Sustainability of Indigenous Livelihoods and Economies in Asia and the Pacific with the Focus on Food Security*, 25 March 2010, Asia-Pacific Regional Seminar on "Indigenous Peoples, Climate Change and Rural Poverty: Promoting Innovative Approaches and Solutions"
12. 『TPPが農業・人口・環境に与える影響』，内嶋善兵衛お茶の水大学名誉教授，辻井博京大名誉教授，原洋之介政策研究大学院大学特別教授，大賀圭治日本大学生物資源科学部教授，横沢正幸農業環境技術研究所と共著，pp.1-24およびpp.60-93，人口・開発研究委員会，財団法人アジア人口・開発協会，2011年3月31日
13. "*Concerns over Development of Africa-From the Viewpoint of Food Security and Population*", presented at, "Asian and African Parliamentarians' Capacity Development on the Integration of Population Issues into National Development Frameworks"-PartⅡ, Kampala, Uganda, 10-13 February 2014.
14. "*Fertility Transition in Mongolia*", Presented at「SDGs達成に向けたアジア国会議員会議・視察―高齢化・少子化・若者に焦点を当てて」、モンゴル・ウランバートル、2018年6月12～13日
15. *25 years from International Conference on Population and Development* (*ICPD*)*-"Abortion" as an unresolved issue-An Essay on the Structure and Solution of "Human Rights" and "Religions"*, June 2019. (Unpublished)
16. About the basis of human rights, June 2019 (Unpublished)
17. *"Active Aging and Balanced Fertility to achieve SDGs and finishing ICPD unfinished business"* presented at Arab and Asian Parliamentarians' Meeting on Population and Development for ICPD＋25, 18 September 2019, Kingdom of Morocco.
18. *"The African and Asian Parliamentarians' Meeting on Population and Development: Creating Positive Impacts for ICPD＋25 and SDGs"*, Inter Press Service News Agency (IPS) UN Bureau, Aug 19 2019.
19. *"Abortion Remains an Unresolved Issue: ICPD25 Meeting next Month"*, Oct 9 2019, (IPS)
20. *"Global Impact of New Corona Virus and Population Issues"*, May 5 2020, (IPS)
21. *"A Story of Abortion Rights"*, Jul 1 2022, (IPS)
22. *"Recalling Shinzo Abe with Respect"*, Jul 11 2022, (IPS)

その他業績

テキスト

1. 『人間関係の基本構造』(埼玉県農業大学校人間関係論テキスト)，1991年，1992年

改訂

辞書執筆

1.「家族計画」,『ベトナムの辞典』(石井米雄他編), 同朋舎出版, 角川書店, 1999年6月, p.99

その他出版物

1.『アジアの人口都市化—統計集—』, 財) アジア人口・開発協会, 1991年2月
2. "Prospects of Urbanization in Asia", Population and Development Series No. 14, The Asian Population and Development Association (APDA), March, 1991.
3.「民族問題の基本構造」,『人口と開発』48号, 財) アジア人口・開発協会, 1994年, pp.43-59
4.「フィリピンの社会構造における植民地支配の影響」,『人口と開発』54号, 財) アジア人口・開発協会, 1996年, pp.42-55
5.『ODA-人口・開発ークォータリー 1号』2003年春号, 財) アジア人口・開発協会, 2003年3月1日 (ジョイセフ, UNFPA東京分を除く)
6.『ODA-人口・開発ークォータリー 2号』2003年夏号, 財) アジア人口・開発協会, 2003年6月1日 (ジョイセフ, UNFPA東京分を除く)
7.『ODA-人口・開発ークォータリー 3号』2003年秋号, 財) アジア人口・開発協会, 2003年9月1日 (ジョイセフ, UNFPA東京分を除く)
8.『ODA-人口・開発ークォータリー 4号』2003年冬号, 財) アジア人口・開発協会, 2003年12月1日 (ジョイセフ, UNFPA東京分を除く)
9. *ODA Quarterly 2003 on Population and Development*, Issued by Asian Population and Development Association (APDA) in Cooperation with JOICFP and UNFPA Tokyo Office, December, 2003.
10.『ODA-人口・開発ークォータリー 5号』2004年春号, 財) アジア人口・開発協会, 2004年3月1日 (ジョイセフ, UNFPA東京分を除く)
11.『ODA-人口・開発ークォータリー 6号』2004年夏号, 財) アジア人口・開発協会, 2004年6月1日 (ジョイセフ, UNFPA東京分を除く)
12.『ODA-人口・開発ークォータリー 7号』2004年秋号, 財) アジア人口・開発協会, 2004年9月1日 (ジョイセフ, UNFPA東京分を除く)
13.『ODA-人口・開発ークォータリー 8号』2004年冬号, 財) アジア人口・開発協会, 2004年12月1日 (ジョイセフ, UNFPA東京分を除く)
14. *ODA Quarterly 2004 on Population and Development*, Issued by Asian Population and Development Association (APDA) in Cooperation with JOICFP and UNFPA Tokyo Office, December, 2004.
15.『ODA-人口・開発ークォータリー 9号』2005年春号, 財) アジア人口・開発協

会，2005年３月１日（ジョイセフ，NPO2050，UNFPA東京分を除く）

16. 『ODA-人口・開発－クォータリー　10号』2005年夏号，財）アジア人口・開発協会，2005年６月１日（ジョイセフ，NPO2050，UNFPA東京分を除く）
17. 『ODA-人口・開発－クォータリー　11号』2005年秋号，財）アジア人口・開発協会，2005年９月１日（ジョイセフ，NPO2050，UNFPA東京分を除く）
18. 『ODA-人口・開発－クォータリー　12号』2005年冬号，財）アジア人口・開発協会，2005年12月１日（ジョイセフ，NPO2050，UNFPA東京分を除く）
19. *ODA Quarterly 2005 on Population and Development*, Issued by Asian Population and Development Association (APDA) in Cooperation with JOICFP and UNFPA Tokyo Office, December, 2005.
20. 『ODA-人口・開発－クォータリー　13号』2006年春号，財）アジア人口・開発協会，2006年３月１日（ジョイセフ，NPO2050，UNFPA東京分を除く）
21. 『ODA-人口・開発－クォータリー　14号』2006年夏号，財）アジア人口・開発協会，2006年６月１日（ジョイセフ，NPO2050，UNFPA東京分を除く）
22. 『ODA-人口・開発－クォータリー　15号』2006年秋号，財）アジア人口・開発協会，2006年９月１日（ジョイセフ，NPO2050，UNFPA東京分を除く）
23. 『ODA-人口・開発－クォータリー　16号』2006年冬号，財）アジア人口・開発協会，2006年12月１日（ジョイセフ，NPO2050，UNFPA東京分を除く）
24. 『人口問題・少子高齢化問題を考える―高崎経済大学＆APDAジョイントセミナー』，2006年12月29日
25. 『ODA-人口・開発－クォータリー　17号』2007年春号，財）アジア人口・開発協会，2007年３月１日（ジョイセフ，NPO2050，UNFPA東京分を除く）
26. 『ODA-人口・開発－クォータリー　18号』2007年夏号，財）アジア人口・開発協会，2007年６月20日（ジョイセフ，NPO2050，UNFPA東京分を除く）
27. 『ODA-人口・開発－クォータリー　19号』2007年秋号，財）アジア人口・開発協会，2007年９月１日（ジョイセフ，NPO2050，UNFPA東京分を除く）
28. 『ODA-人口・開発－クォータリー　20号』2007年冬号，財）アジア人口・開発協会，2007年12月１日（ジョイセフ，NPO2050，UNFPA東京分を除く）
29. *ODA Quarterly 2006 on Population and Development*, Issued by Asian Population and Development Association (APDA) in Cooperation with JOICFP and UNFPA Tokyo Office, December, 2007.
30. 『ODA-人口・開発－クォータリー2003-2007』合本版，財）アジア人口・開発協会，2007年12月１日（ジョイセフ，NPO2050，UNFPA東京分を除く）
31. 『ODA-人口・開発－クォータリー　21号』2008年春号，財）アジア人口・開発協会，2008年３月１日（ジョイセフ，NPO2050，UNFPA東京分を除く）
32. 『ODA-人口・開発－クォータリー　22号』2008年夏号，財）アジア人口・開発協会，2008年６月15日（ジョイセフ，NPO2050，UNFPA東京分を除く）

33. 『ODA-人口・開発－クォータリー　23号』2008年秋，財）アジア人口・開発協会，2008年９月１日（ジョイセフ，NPO2050，UNFPA東京分を除く）
34. 『ODA-人口・開発－クォータリー　24号』2008年冬，財）アジア人口・開発協会，2008年12月１日（ジョイセフ，NPO2050，UNFPA東京分を除く）
35. 『農業協同組合新聞　2009年２月20日号』「経済原則より人口原則」，社団法人農協協会，2009年２月20日
36. 『ODA-人口・開発－クォータリー　25号』2009年春，財）アジア人口・開発協会，2009年３月１日（ジョイセフ，NPO2050，UNFPA東京分を除く）
37. 財団法人日本財政経済研究所『財政経済研究月報2009第56巻第２号』，「巻頭言―この地球で生きていくために」，2009年３月１日
38. 『ODA-人口・開発－クォータリー　26号』2009年夏，財）アジア人口・開発協会，2009年６月１日（ジョイセフ，NPO2050，UNFPA東京分を除く）
39. 『ODA-人口・開発－クォータリー　27号』2009年秋，財）アジア人口・開発協会，2009年９月１日（ジョイセフ，NPO2050，UNFPA東京分を除く）
40. 財団法人アジア農業協同組合振興機関（IDACA）『平成21年度　日・アセアン地域技術交流事業　アセアン農業政策担当セミナー報告書』The Need for the Establishment of an ASEAN Agricultural Cooperative Network- from the Perspective of Population and Food Security, pp.51-58.
41. 『ODA-人口・開発－クォータリー　28号』2009年冬，財）アジア人口・開発協会，2009年12月１日（ジョイセフ，NPO2050，UNFPA東京分を除く）
42. 『ODA-人口・開発－クォータリー　29号』2010年，財）アジア人口・開発協会，2010年８月１日　特別号
43. 『月刊JA 2011 Vol.679 September』，農政トピック「TPPが農業・人口・環境に与える影響」研究報告書について
44. 『農業協同組合新聞　2011年５月30日号』「TPP―人口・食糧」，社団法人農協協会，2011年５月30日
45. 『ODA-人口・開発－クォータリー　30号』2012年冬，公財）アジア人口・開発協会，2012年１月１日　特別号
46. 『人口と開発－2012年夏号』2012年　夏，公財）アジア人口・開発協会，2012年６月１日「人口問題と“幸せ”」
47. 『人口と開発－2012年秋号』2012年　秋，公財）アジア人口・開発協会，2012年11月１日
48. 『人口と開発－2013年冬号』2013年　冬，公財）アジア人口・開発協会，2013年１月10日「なぜ人口問題への国際協力が必要か」
49. 『人口と開発－2013年春号』2013年　春，公財）アジア人口・開発協会，2013年３月１日「なぜ人口問題への国際協力が必要かⅡ」
50. 『人口と開発－2013年夏号』2013年　夏，公財）アジア人口・開発協会，2013年７

月１日「人口問題と私たちが直面する問題」

51. 『人口と開発－2013年秋号』2013年　秋，公財）アジア人口・開発協会，2013年10月１日「人口問題と私たちが直面する問題２　人口問題って人口増加？人口減少？」
52. 『人口と開発－2014年冬号』2014年　冬，公財）アジア人口・開発協会，2014年１月10日「人口問題と私たちが直面する問題３　人口問題って人口増加？人口減少？」
53. 『人口と開発－2014年春号』2014年　春，公財）アジア人口・開発協会，2014年３月10日「人口問題と私たちが直面する問題Ⅳ」
54. 『人口と開発－2014年夏号』2014年　夏，公財）アジア人口・開発協会，2014年７月10日「人口問題と私たちが直面する問題Ⅴ」
55. 『人口と開発－2014年秋号』2014年　秋，公財）アジア人口・開発協会，2014年10月10日「人口問題と私たちが直面する問題Ⅵ」
56. 『人口と開発－2015年冬号』2015年　冬，公財）アジア人口・開発協会，2015年１月10日「どうしたら日本の少子化は止められるか１」
57. 『人口と開発－2015年春号』2015年　春，公財）アジア人口・開発協会，2015年３月10日「どうしたら日本の少子化は止められるか２」
58. 『人口と開発－2015年夏号』2015年　夏，公財）アジア人口・開発協会，2015年７月10日「どうしたら日本の少子化は止められるか３」
59. 『人口と開発－2015年秋号』2015年　秋，公財）アジア人口・開発協会，2015年10月10日「どうしたら日本の少子化は止められるか４」
60. 『人口と開発－2016年春号』2016年　春，公財）アジア人口・開発協会，2016年３月10日「人口問題の性質」
61. 『人口と開発－2016年秋号』2016年　秋，公財）アジア人口・開発協会，2016年10月10日「人口問題の性質２」
62. 『人口と開発－2017年冬号』2017年　冬，公財）アジア人口・開発協会，2017年１月10日「地球環境と人口問題」
63. 『人口と開発－2017年春号』2017年　春，公財）アジア人口・開発協会，2017年３月１日「人口が環境に与える影響」
64. 『人口と開発－2018年春号』2018年　春，公財）アジア人口・開発協会，2018年３月11日「人口と淡水資源」
65. 『人口と開発－2018年夏号』2018年　夏，公財）アジア人口・開発協会，2018年８月11日「水、食料安全保障、人口」
66. 『人口と開発－2019年春号』2019年　春，公財）アジア人口・開発協会，2019年３月１日「ICPD・ICPPD25周年特集【前篇】」
67. 『人口と開発－2019年夏号』2019年　夏，公財）アジア人口・開発協会，2019年７月10日「ICPD・ICPPD25周年特集【後編】
68. 『人口と開発－2019年秋号』2019年　秋，公財）アジア人口・開発協会，2019年10月10日「人口移動」

翻　訳

1．フェルナンド・トーレス・ギル「ヒスパニックの挑戦」，A．パイファー・L．ブロンテ編，黒田俊夫監訳，『高齢化社会・選択と挑戦』10章，pp.203-229，文真堂，1987年
2．「スリランカ農業開発省スリランカの野菜価格上昇に関する調査報告」，『アジア諸国の農村人口と農村開発に関する調査報告書―スリランカ国―』（農林水産省委託），財）アジア人口・開発協会，1992年，pp.75-86
3．『国際人口・開発会議のための注釈のついた概要』，国際連合，財）アジア人口・開発協会，1994年，全42p.
4．『未来のための食料』，国連人口基金委託，財）アジア人口・開発協会，1997年
5．『1996年世界食料安全保障のためのローマ宣言および世界食料サミット行動計画』，国連食糧農業機構（FAO），財）アジア人口・開発協会，1997年
6．『Five years from ICPPD―国際人口開発議員会議から5年―人口と開発に関する国会議員会議宣言文』，財）アジア人口・開発協会，1998年
7．『国際人口開発会議行動計画の更なる実施に向けた主な行動―第21回国連特別総会特別委員会報告書「付録」―』（リソースシリーズ9），財）アジア人口・開発協会，1999年12月
8．「人口学的な衝撃（極端な少子高齢化）を予防するのに必要な子どもがいないだけでなく，人口学者もいない―」，出所：クリスチャン・シュベーゲル，フランクフルト・アルゲマイネ紙，2004年1月27日より転載，『ドイツ人口学会誌学会報2004年5号』（“Schockprävention―Nicht nur Kinder fehlen, sondern auch Demographen”, Mitteilungen der Deutschen Gesellschaft für Demographie e.V.-Berlin 2004, Nr. 5－Seite 5, Quelle: Christian Schwägerl, Frankfurter Allgemeine Zeitung vom 27.1.2004)，「エイジング」エイジング総合研究センター2005年9月号，pp.50-53
9．「第1章　農務長官に注目された駆け出しの農業分析官」，『レスター・ブラウン自伝』，pp.2-12，ワールド　ウオッチ　ジャパン，2014年6月25日

書　評

1．“駒井洋著『新生カンボジア』”，『筑波大学社会学ジャーナル』第27号，2002年3月，pp.165-169

政府委託調査報告書

1．「一般概要」，『東南アジア諸国等人口開発基礎調査―フィリピン国―』（厚生省・国際厚生事業団委託），財）アジア人口・開発協会，1992年3月，pp.11-17
2．「調査対象地域スラムの調査報告」，『東南アジア諸国等人口開発基礎調査―フィリピン国―』（厚生省・国際厚生事業団委託），財）アジア人口・開発協会，1992年3月，pp.51-57

3．*Living Environment in Surveyed Slums*, "Report on the Basic Survey on Population and Development in South East Asian Countries—Philippines—", Assigned by Ministry of Health and Welfare, The Asian Population and Development Association (APDA), March, pp.53-57.
4．「一般概要」，『アジア諸国の農村人口と農業開発に関する調査報告書―マレーシア国―』（農林水産省委託），財）アジア人口・開発協会，1993年3月，pp.13-19およびpp.24-28
5．「現地調査報告」，『アジア諸国の農村人口と農業開発に関する調査報告書―マレーシア国―』（農林水産省委託），財）アジア人口・開発協会，1993年3月，pp.43-49
6．*Rural and Agricultural Development in Surveyed Area*, "Report on the Survey of Rural Population and Agricultural Development in Asian Countries—Malaysia—", Assigned by Ministry of Agriculture, Forestry and Fisheries, The Asian Population and Development Association, March, 1993, pp.27-29.
7．「一般概要」，『アジア諸国の労働力流出に関する調査研究―スリランカ国―』（労働省・雇用促進事業団委託），財）アジア人口・開発協会，1993年3月，pp.13-19
8．「一般概要」，『アジア諸国の農村人口と農業開発に関する調査報告書―ベトナム国―』（農林水産省委託），財）アジア人口・開発協会，1994年3月，pp.14-18
9．「現地調査報告」，『アジア諸国の農村人口と農業開発に関する調査報告書―ベトナム国―』（農林水産省委託），財）アジア人口・開発協会，1994年3月，pp.43-49，p.56
10. *Rural and Agricultural Development in Surveyed Area*, "Report on the Survey of Rural Population and Agricultural Development in Asian Countries—Vietnam—", Assigned by Ministry of Agriculture, Forestry and Fisheries, The Asian Population and Development Association, March, 1994, pp.15-30 (shared)
11. 「一般概要」，『アジア諸国の人間資源開発と労働力に関する調査研究―フィリピン国―』（労働省・雇用促進事業団委託），財）アジア人口・開発協会，1994年3月，pp.13-20
12. 「一般概要」，『アジア諸国発展段階別農村・農業開発基礎調査報告書―インド国―』（農林水産省委託），財）アジア人口・開発協会，1995年3月，pp.12-15
13. 「一般概要」，『アジア諸国の人間資源開発と労働力に関する調査研究―ベトナム国―』（労働省・雇用促進事業団委託），財）アジア人口・開発協会，1995年3月，pp.13-22
14. 「一般概要」，『アジア諸国発展段階別農村・農業開発基礎調査報告書―パキスタン国―』（農林水産省委託），財）アジア人口・開発協会，1996年3月，p.13-p.36
15. 「調査対象地域の人口」，アジア諸国発展段階別農村・農業開発基礎調査報告書―パキスタン国―』（農林水産省委託），財）アジア人口・開発協会，1996年3月，pp.82-86

16. *Population in Regions Surveyed*, "Report on the Basic Survey on Agriculture and Rural Development by Progressive Stage in Asian Countries—Pakistan—", Assigned by Ministry of Agriculture, Forestry and Fisheries, The Asian Population and Development Association, March, 1996, pp.61-64.
17. 「要約」,『アジア諸国の発展段階別農村・農業開発基礎調査報告書—ラオス国—ルアン・パバンを中心に』(農林水産省委託), 財) アジア人口・開発協会, 1997年 3 月, pp.9-14
18. 「農業・農村開発と人口」,『アジア諸国の発展段階別農村・農業開発基礎調査報告書—ラオス国—ルアン・パバンを中心に』(農林水産省委託), 財) アジア人口・開発協会, 1997年 3 月, pp.19-28およびpp.35-40
19. 「ラオス国の概要」,『アジア諸国の発展段階別農村・農業開発基礎調査報告書—ラオス国—ルアン・パバンを中心に』(農林水産省委託), 財) アジア人口・開発協会, 1997年 3 月, pp.57-62およびpp.66-67
20. 「調査対象地域の選定」,『アジア諸国の発展段階別農村・農業開発基礎調査報告書—ラオス国—ルアン・パバンを中心に』(農林水産省委託), 財) アジア人口・開発協会, 1997年 3 月, pp.87-90
21. 「調査対象村の人口, 家族計画, 公衆衛生の現状」,『アジア諸国の発展段階別農村・農業開発基礎調査報告書—ラオス国—ルアン・パバンを中心に』(農林水産省委託), 財) アジア人口・開発協会, 1997年 3 月, pp.91-94, pp.125-129およびp.133
22. 「調査対象村の概要」,『アジア諸国の発展段階別農村・農業開発基礎調査報告書—ラオス国—ルアン・パバンを中心に』(農林水産省委託), 財) アジア人口・開発協会, 1997年 3 月, pp.125-p133
23. *Agriculture, Rural Development and Population*, "Report on the Basic Survey on Agriculture and Rural Development by Progressive Stage in Asian Cou ntries—Lao PDR—Focus on Louang Phabang", Assigned by Ministry of Agriculture, Forestry and Fisheries, The Asian Population and Development Association, March, 1997, pp.17-31
24. *Present Situation of Population, Family Planning and Public Health in Surveyed Village*, "Report on the Basic Survey on Agriculture and Rural Development by Progressive Stage in Asian Countries—Lao PDR—Focus on Louang Phabang", Assigned by Ministry of Agriculture, Forestry and Fisheries, The Asian Population and Development Association, March, 1997, pp.79-81.
25. 「社会・文化的環境」,『アジア諸国発展段階別農村・農業開発基礎調査報告書—ラオス国—サバナケット, チャンパサックを中心に』(農林水産省委託) 調査, 財) アジア人口・開発協会, 1998年 3 月, pp.18-20
26. 「ラオスの人口」,『アジア諸国発展段階別農村・農業開発基礎調査報告書—ラオス国—サバナケット, チャンパサックを中心に』(農林水産省委託) 調査, 財) アジ

ア人口・開発協会，1998年3月，pp.21-34

27. 「調査対象村の概要」，『アジア諸国発展段階別農村・農業開発基礎調査報告書―ラオス国―サバナケット，チャンパサックを中心に』（農林水産省委託）調査，財）アジア人口・開発協会，1998年3月，pp.64-65
28. 「村長からの聞き取り調査結果」，『アジア諸国発展段階別農村・農業開発基礎調査報告書―ラオス国―サバナケット，チャンパサックを中心に』（農林水産省委託）調査，財）アジア人口・開発協会，1998年3月，pp.72-74
29. 「調査対象村の人口」，『アジア諸国発展段階別農村・農業開発基礎調査報告書―ラオス国―サバナケット，チャンパサックを中心に』（農林水産省委託）調査，財）アジア人口・開発協会，1998年3月，pp.75-77およびpp.89-91
30. *Socio-Cultural Environment*, "Report on the Basic Survey on Agriculture and Rural Development by Progressive Stage in Asian Countries—Lao PDR—Focus on Savannakhet and Champasak", Assigned by Ministry of Agriculture, Forestry and Fisheries, The Asian Population and Development Association, March, 1998, pp.19-20.
31. *Population of Lao PDR*, "Report on the Basic Survey on Agriculture and Rural Development by Progressive Stage in Asian Countries—Lao PDR—Focus on Savannakhet and Champasak", Assigned by Ministry of Agriculture, Forestry and Fisheries, The Asian Population and Development Association, March, 1998, pp.21-27.
32. *Field Survey Report*, "Report on the Basic Survey on Agriculture and Rural Development by Progressive Stage in Asian Countries—Lao PDR—Focus on Savannakhet and Champasak", Assigned by Ministry of Agriculture, Forestry and Fisheries, The Asian Population and Development Association, March, 1998, pp.63-65, pp.82-86.
33. 「本書の構成と分析の視点」『アジア諸国の人間資源開発と労働力に関する調査研究―マレーシア国―』（労働省・雇用促進事業団委託），財）アジア人口・開発協会，1998年3月，pp.11-14
34. 「一般概要」，『アジア諸国の人間資源開発と労働力に関する調査研究―マレーシア国―』（労働省・雇用促進事業団委託），財）アジア人口・開発協会，1998年3月，pp.25-40
35. 「文化」，『アジア諸国発展段階別農村・農業開発基礎調査報告書―カンボジア王国―バッタンバン，カンダールを中心に』（農林水産省委託），財）アジア人口・開発協会，1999年3月，pp.22-24
36. 「カンボジアの人口」，『アジア諸国発展段階別農村・農業開発基礎調査報告書―カンボジア王国―バッタンバン，カンダールを中心に』（農林水産省委託），財）アジア人口・開発協会，1999年3月，pp.25-36

37. 「調査対象村の人口」,『アジア諸国発展段階別農村・農業開発基礎調査報告書―カンボジア王国―バッタンバン，カンダールを中心に』(農林水産省委託)，財）アジア人口・開発協会，1999年3月，pp.64-65
38. 「人口・公衆衛生の課題」,『アジア諸国発展段階別農村・農業開発基礎調査報告書―カンボジア王国―バッタンバン，カンダールを中心に』(農林水産省委託)，財）アジア人口・開発協会，1999年3月，pp.113-115
39. *Outline of Village and Agriculture in the Surveyed villages*, "Report on the Basic Survey on Agriculture and Rural Development by Progressive Stage in Asian Countries―The Kingdom of Cambodia―Focus on Battambang and Kandar", Assigned by Ministry of Agriculture, Forestry and Fisheries, The Asian Population and Development Association, March, 1999, p.33.
40. *Tasks of Population and Public Health*, "Report on the Basic Survey on Agriculture and Rural Development by Progressive Stage in Asian Countries―The Kingdom of Cambodia―Focus on Battambang and Kandar", Assigned by Ministry of Agriculture, Forestry and Fisheries, The Asian Population and Development Association, March, 1999, pp.39-42.
41. 「本書の構成と分析の視点」,『アジア諸国の職業安定制度と雇用政策に関する調査研究―イラン・イスラム共和国―』(労働省・雇用促進事業団委託)，財）アジア人口・開発協会，1999年3月，pp.9-10
42. 「イランの人口」,『アジア諸国の職業安定制度と雇用政策に関する調査研究―イラン・イスラム共和国―』(労働省・雇用促進事業団委託)，財）アジア人口・開発協会，1999年3月，pp.17-23
43. 「イランの教育制度」,『アジア諸国の職業安定制度と雇用政策に関する調査研究―イラン・イスラム共和国―』(労働省・雇用促進事業団委託)，財）アジア人口・開発協会，1999年3月，pp.60-61およびpp.67-69
44. *Population*, "Report on Employment Security System and Labor Policy―The Islamic Republic of Iran―", The Asian Population and Development Association, March, 1999, pp.19-26.
45. 「モンゴル国の人口」,『アジア諸国発展段階別農村・農業開発基礎調査報告書―モンゴル国―』(農林水産省委託)，財）アジア人口・開発協会，2000年3月，pp.24-40
46. 「人口・公衆衛生における課題」,『アジア諸国発展段階別農村・農業開発基礎調査報告書―モンゴル国―』(農林水産省委託)，財）アジア人口・開発協会，2000年3月，pp.140-141
47. *Population of Mongolia*, "Report on the Basic Survey on Agriculture and Rural Development by Progressive Stage in Asian Countries―Mongolia―", Assigned by Ministry of Agriculture, Forestry and Fisheries, The Asian Population and Development Association, March, 2000, pp.18-32.

48. *Tasks of Population and Public Health*, "Report on the Basic Survey on Agriculture and Rural Development by Progressive Stage in Asian Countries—Mongolia—", Assigned by Ministry of Agriculture, Forestry and Fisheries, The Asian Population and Development Association, March, 2000, pp.121-122.
49. 「一般概要」,『アジア諸国の職業安定制度と雇用政策に関する調査研究—バングラデシュ国—』(雇用・能力開発機構委託), 財) アジア人口・開発協会, 2000年3月, pp.15-19
50. 「雇用にかかわる制度とその運用」,『アジア諸国の職業安定制度と雇用政策に関する調査研究—バングラデシュ国—』(雇用・能力開発機構委託), 財) アジア人口・開発協会, 2000年3月, pp.61-72
51. *The System Concerning Employment and Its Operation*, "Report on Employment Security System and Labor Policy—Bangladesh—", The Asian Population and Development Association, March, 2000, pp.75-94.
52. 「一般概要」,『アジア諸国発展段階別農村・農業開発基礎調査報告書—ミャンマー連邦—』(農林水産省委託), 財) アジア人口・開発協会, 2001年3月, pp.9-30
53. 「人口」,『アジア諸国発展段階別農村・農業開発基礎調査報告書—ミャンマー連邦—』(農林水産省委託), 財) アジア人口・開発協会, 2001年3月, pp.86-93
54. *Population of Myanmar*, "Report on the Basic Survey on Agriculture and Rural Development by Progressive Stage in Asian Countries—Union of Myanmar—", Assigned by Ministry of Agriculture, Forestry and Fisheries, The Asian Population and Development Association, March, 2001, pp.11-23.
55. *Population in Surveyed Village*, "Report on the Basic Survey on Agriculture and Rural Development by Progressive Stage in Asian Countries—Union of Myanmar—", Assigned by Ministry of Agriculture, Forestry and Fisheries, The Asian Population and Development Association, March, 2001, pp.70-77.
56. 「カンボジア王国の概要」,『アジア諸国の職業安定制度と雇用政策に関する調査研究—カンボジア王国—』(雇用・能力開発機構委託), 財) アジア人口・開発協会, 2001年3月, pp.13-43
57. 「カンボジアの人口」,『アジア諸国の職業安定制度と雇用政策に関する調査研究—カンボジア王国—』(雇用・能力開発機構委託), 財) アジア人口・開発協会, 2001年3月, pp.21-37
58. 「カンボジアの労働力人口」,『アジア諸国の職業安定制度と雇用政策に関する調査研究—カンボジア王国—』(雇用・能力開発機構委託), 財) アジア人口・開発協会, 2001年3月, pp.39-41
59. 「工場労働者の社会意識」,『アジア諸国の職業安定制度と雇用政策に関する調査研究—カンボジア王国—』(雇用・能力開発機構委託), 財) アジア人口・開発協会, 2001年3月, pp.72-81

60. 「本書について」,『人口問題を基礎とした農業・農村開発調査報告書―カザフスタン共和国―』(農林水産省委託), 財) アジア人口・開発協会, 2002年3月, pp.9-10
61. 「カザフスタンの一般概要」,『人口問題を基礎とした農業・農村開発調査報告書―カザフスタン共和国―』(農林水産省委託), 財) アジア人口・開発協会, 2002年3月, pp.11-16
62. 「カザフスタンの人口」,『人口問題を基礎とした農業・農村開発調査報告書―カザフスタン共和国―』(農林水産省委託), 財) アジア人口・開発協会, 2002年3月, pp.24-30
63. *Population of Kazakhstan*, "Survey on Agriculture and Rural Development based on Population Issues―The Republic of Kazakhstan―", Assigned by Ministry of Agriculture, Forestry and Fisheries, The Asian Population and Development Association, March, 2002, pp.19-27.
64. 「本書について」,『アジア諸国の職業安定制度と雇用政策に関する調査研究―ITソフトウェア産業を中心に―インド国』(雇用・能力開発機構委託), 財) アジア人口・開発協会, 2002年3月, pp.13-20
65. 「インド国の概要」,『アジア諸国の職業安定制度と雇用政策に関する調査研究―ITソフトウェア産業を中心に―インド国』(雇用・能力開発機構委託), 財) アジア人口・開発協会, 2002年3月, pp.21-28
66. 「IT技術者に関する国際人口移動政策」,『アジア諸国の職業安定制度と雇用政策に関する調査研究―ITソフトウェア産業を中心に―インド国』(労働省・雇用・能力開発機構委託), 財) アジア人口・開発協会, 2002年3月, pp.133-142
67. 「IT産業の特質とコミュニケーション―ソフトウェア開発における日本とインドのギャップ―」,『アジア諸国の職業安定制度と雇用政策に関する調査研究―ITソフトウェア産業を中心に―インド国』(労働省・雇用・能力開発機構委託), 財) アジア人口・開発協会, 2002年3月, pp.145-159
68. 「ウズベキスタンの人口」,『人口問題を基礎とした農業・農村開発調査報告書―ウズベキスタン共和国―』(農林水産省委託), 財) アジア人口・開発協会, 2003年3月, pp.14-25
69. *Population of Uzbekistan*, "Survey on Agriculture and Rural Development based on Population Issues―The Republic of Uzbekistan―", Assigned by Ministry of Agriculture, Forestry and Fisheries, The Asian Population and Development Association, March, 2003, pp.11-18.
70. 「ベトナムの人口と労働力」,『アジア諸国の職業安定制度と雇用政策に関する調査研究―労働力流出を中心に―ベトナム国』(雇用・能力開発機構委託), 財) アジア人口・開発協会, 2003年3月, pp.17-31
71. 「ベトナムにおける国際労働力移動が及ぼす国内の影響」,『アジア諸国の職業安定制度と雇用政策に関する調査研究―労働力流出を中心に―ベトナム国』(雇用・能

力開発機構委託），財）アジア人口・開発協会，2003年3月，pp.89-92

72. 「本書の構成―ミャンマー調査の制約と背景」，『アジア諸国の職業安定制度と雇用政策に関する調査研究―労働力流出を中心に―ミャンマー連邦』（雇用・能力開発機構委託），財）アジア人口・開発協会，2004年2月，pp.13-15
73. 「ミャンマーの人口」，『アジア諸国の職業安定制度と雇用政策に関する調査研究―労働力流出を中心に―ミャンマー連邦』（労働省・雇用・能力開発機構委託），財）アジア人口・開発協会，2004年2月，pp.37-50
74. 「タイにおけるミャンマー人労働力の問題」，『アジア諸国の職業安定制度と雇用政策に関する調査研究―労働力流出を中心に―ミャンマー連邦』（雇用・能力開発機構委託），財）アジア人口・開発協会，2004年2月，pp.67-74
75. 「タイにおけるミャンマー人労働者の現状」，『アジア諸国の職業安定制度と雇用政策に関する調査研究－労働力流出を中心に―ミャンマー連邦』（雇用・能力開発機構委託），財）アジア人口・開発協会，2004年2月，pp.91-127
76. 「パキスタンの人口」，『人口問題を基礎とした農業・農村開発調査報告書―パキスタン―』（農林水産省委託），財）アジア人口・開発協会，2004年3月，pp.31-50
77. 「現地調査報告―マルダーン郡調査対象地域の人口―調査票調査の結果―」，『人口問題を基礎とした農業・農村開発調査報告書―パキスタン―』（農林水産省委託），財）アジア人口・開発協会，2004年3月，pp.84-107
78. 「協力の課題―現地調査の結果から―」，『人口問題を基礎とした農業•農村開発調査報告書―パキスタン―』（農林水産省委託），財）アジア人口・開発協会，2004年3月，pp.126-127
79. *Population*, "Survey on Agriculture and Rural Development based on Population Issues—Pakistan—", Assigned by Ministry of Agriculture, Forestry and Fisheries, The Asian Population and Development Association, March, 2004, pp.13-30
80. *Population of surveyed area and hearing survey results*, "Survey on Agriculture and Rural Development based on Population Issues—Pakistan—", Assigned by Ministry of Agriculture, Forestry and Fisheries, The Asian Population and Development Association, March, 2004, pp.51-72
81. *Tasks of cooperation-from the viewpoint of population and social structures*, "Survey on Agriculture and Rural Development based on Population Issues—Pakistan—", Assigned by Ministry of Agriculture, Forestry and Fisheries, The Asian Population and Development Association, March, 2004, pp.80-81
82. 「インドの人口」，『人口問題を基礎とした農業・農村開発調査報告書―インド―』（農林水産省委託），財）アジア人口・開発協会，2005年3月，pp.38-54
83. 「現地調査の分析―調査票調査の結果から―人口―」，『人口問題を基礎とした農業・農村開発調査報告書－インド－』（農林水産省委託），財）アジア人口・開発協会，2005年3月，pp.85-102

84. 「協力の課題—現地調査の結果から—」,『人口問題を基礎とした農業・農村開発調査報告書—インド—』(農林水産省委託), 財) アジア人口・開発協会, 2005年3月, pp.105-108
85. *Population, Social Structure and Public Health*, "Survey on Agriculture and Rural Development based on Population Issues—India—", Assigned by Ministry of Agriculture, Forestry and Fisheries, The Asian Population and Development Association, March, 2005, pp.30-45.
86. *Tasks of cooperation-from the viewpoint of population and social structures*, "Survey on Agriculture and Rural Development based on Population Issues—India—", Assigned by Ministry of Agriculture, Forestry and Fisheries, The Asian Population and Development Association, March, 2005, p.48
87. 「情報サービス産業の特性」,『情報サービス業における国際分業と労働力需給に関する調査研究—中国・日本—』(雇用能力開発機構委託), 財) アジア人口・開発協会, 2005年3月, pp.13-21
88. 「ソフトウェア開発における国際分業の障害・中印の比較」,『情報サービス業における国際分業と労働力需給に関する調査研究—中国・日本—』(雇用能力開発機構委託), 財) アジア人口・開発協会, 2005年3月, pp.119-127
89. 「ソフトウェア開発における国際分業と特徴」,『情報サービス業における国際分業と労働力需給に関する調査研究—中国・日本—』(雇用能力開発機構委託), 財) アジア人口・開発協会, 2005年3月 (梅澤隆と共同執筆), pp.129-135
90. 「国際分業体制の構築に向けた今後の課題 (提言)」,『情報サービス業における国際分業と労働力需給に関する調査研究—中国・日本—』(雇用能力開発機構委託), 財) アジア人口・開発協会, 2005年3月 (梅澤隆と共同執筆), p.137
91. 「第1章　付論：山地の人口移動と少数民族問題」,『人口問題を基礎とした農業・農村開発調査報告書—ベトナム国—』(農林水産省委託), 財) アジア人口・開発協会, 2006年3月, pp.19-21
92. 「第4章　インドシナ半島の農地と人口吸収」,『人口問題を基礎とした農業・農村開発調査報告書—ベトナム国—』(農林水産省委託), 財) アジア人口・開発協会, 2006年3月, pp.75-77
93. 「序論：調査について」,『日本企業における中国人高度技能労働者の日本への移動に関する調査研究』(雇用能力開発機構委託), 財) アジア人口・開発協会, 2006年3月, pp.7-8
94. 「第1章　日本における中国人高度技能労働者の背景」,『日本企業における中国人高度技能労働者の日本への移動に関する調査研究』(雇用能力開発機構委託), 財) アジア人口・開発協会, 2006年3月, pp.9-24
95. 「第2章　日本における中国人高度技能労働者活用の事例」,『日本企業における中国人高度技能労働者の日本への移動に関する調査研究』(雇用能力開発機構委託),

財）アジア人口・開発協会，2006年３月，pp.25-112

96. 「第４章　日本における中国人高度技能労働者活用の課題」，『日本企業における中国人高度技能労働者の日本への移動に関する調査研究』（雇用能力開発機構委託），財）アジア人口・開発協会，2006年３月，pp.151-155
97. 「第１章　外国人留学生について」，『アジア各国からの留学生の雇い入れに関する実態調査報告書』（雇用能力開発機構委託），財）アジア人口・開発協会，2007年３月，pp.11-14

編集出版

1. 『国連人口基金（UNFPA）国際人口開発会議行動計画要旨』，財）アジア人口・開発協会，1995年
2. 『国際人口開発議員会議議事録』，財）アジア人口・開発協会，1995年
3. 『国連人口基金（UNFPA）世界人口・開発援助の現状―日本の貢献―』，財）アジア人口・開発協会，1995年
4. 『国際人口・社会開発議員会議議事録』，財）アジア人口・開発協会，1996年
5. 黒田俊夫著，『国連人口会議20年の軌跡―ブカレストからカイロへ―』，リソースシリーズ１，財）アジア人口・開発協会，1996年
6. Dr. Toshio Kuroda, *"From Bucharest to Cairo—20 Years of United Nations Population Conferences—"*, Resource Series 2 , The Asian Population and Development Association, 1996.
7. 『国際女性・人口・開発議員会議議事録』，財）アジア人口・開発協会，1996年
8. FAO／UNFPA，ボートン・ズアン，グエン・ティ・タン著，『食料安全保障と人口：資料』（リソースシリーズ３），財）アジア人口・開発協会，1997年
9. 『国際食料安全保障・人口・開発議員会議議事録』，財）アジア人口・開発協会，1997年
10. 『国連人口基金（UNFPA）未来のための食料』，財）アジア人口・開発協会，1997年
11. 『国連食糧農業機構（FAO）世界食料サミット「1996年世界食料安全保障のためのローマ宣言および世界食料サミット行動計画」』（リソースシリーズ４），財）アジア人口・開発協会，1997年
12. 『Five years from ICPPD―国際人口開発議員会議から５年―人口と開発に関する国会議員会議宣言文』（リソースシリーズ５），財）アジア人口・開発協会，1998年
13. 『マレーシア国労働規制法』，財）アジア人口・開発協会，1998年
14. 『欠乏の時代の政治学―引き裂かれる水資源―』，リソースシリーズ７，財）アジア人口・開発協会，1998年７月
15. 『国連人口基金（UNFPA）人々のための環境』，財）アジア人口・開発協会，1998年12月
16. *"Parliamentarians Activities on Population and Development—History of Parliamentarians Activities and it's Findings—"*, Resource Series 8 , The Asian

Population and Development Association (APDA), February, 1999.
17. 『国際人口開発会議評価のための国際議員フォーラム議事録』，財）アジア人口・開発協会，1999年
18. 『国際人口開発会議行動計画の更なる実施に向けた主な行動―第21回国連特別総会特別委員会報告書「付録」―』（リソースシリーズ９），財）アジア人口・開発協会，1999年12月
19. 『人口と開発に関するアジア議員フォーラム第６回大会報告書』，財）アジア人口・開発協会，2000年４月
20. 『女性のエンパワーメントに向けて』（リソースシリーズ10），財）アジア人口・開発協会，2000年８月
21. 『リプロダクティブ・ライツ2000』，リーフレット，財）アジア人口・開発協会，2000年８月
22. 『人口問題ブリーフィングキット2000』，財）アジア人口・開発協会，2001年，３月
23. 『興四海野春風―財団法人アジア人口・開発協会20年の歩み』，財）アジア人口・開発協会，2002年３月
24. 『人口問題ブリーフィングキット2001』，財）アジア人口・開発協会，2002年７月
25. 『人口問題を考える―人類生存の条件と人類社会の未来―APDA設立20周年記念フォーラム報告書』，財）アジア人口・開発協会，2002年12月
26. 『Population Issues: -The Conditions of human survival and future of our society, Report of 20th Anniversary APDA International Forum』，財）アジア人口・開発協会，2002年12月
27. 『地球の人口と水』，APDAリソースシリーズNo.30，財）アジア人口・開発協会，2003年12月１日
28. 『ミレニアム開発目標の達成に向けて』，APDAリソースシリーズNo.32，財）アジア人口・開発協会，2004年12月１日
29. グローブ・インターナショナル「地球環境国際議員連盟東京G８＋５議員会合2008年６月27〜29日議事録」，編集作成
30. 「2016年G７伊勢志摩サミットに向けた世界人口開発議員会議（GCPPD2016）2016年４月26〜27日議事録」，編集作成
31. 「SDGs達成に向けた人口と食料安全保障キックオフ会合　2016年10月24日　議事録」，編集作成
32. 「SDGs達成に向けた人口と食料安全保障会議Ⅱ　2017年４月17日　議事録」，編集作成
33. 「SDGs達成に向けた人口と食料安全保障会議Ⅲ　2018年３月17日　議事録」，編集作成

学会発表その他

1）「現代的権力としての経済的権力」，日本大学文理学部学術研究発表会社会学部会（日本大学社会学会），1986年10月
2）「経済的権力の背景」，経済社会学会東部研究会，早稲田大学大隈記念会館，1986年12月
3）「知識論と認識構造」，日本大学文理学部学術研究発表会社会学部会（日本大学社会学会），日本大学文理学部，1987年12月
4）「権力分析の視点から見た“自由”の構造」，日本大学文理学部学術研究発表会社会学部会（日本大学社会学会），日本大学文理学部，1988年12月
5）「権威の自己認識理論による分析」，日本大学文理学部学術研究発表会社会学部会（日本大学社会学会），日本大学文理学部，1989年12月
6）「社会科学における理解について」，経済社会学会東部研究会，専修大学，1989年12月
7）「状況と知識理論―大衆行動の準拠枠―」，関東社会学会研究会，日本大学文理学部，1990年1月
8）「社会分析における社会理論の役割」，日本大学文理学部学術研究発表会社会学部会，日本大学文理学部，1990年12月
9）「植民地支配における宗教の機能と現代におけるその結果―フィリピンの事例」，日本大学文理学部学術研究発表会社会学部会（日本大学社会学会），日本大学文理学部，1991年12月
10）「スリランカとマレーシアにおける民族問題の比較研究」，日本大学文理学部学術研究発表会社会学部会（日本大学社会学会），日本大学文理学部，1992年12月
11）「社会科学と価値」，東京都倫理社会研究会第三分科会研究例会における講師，東京芸術劇場，1992年12月11日
12）「地域の発展と民族問題」，経済社会学会東部部会研究会，独協倶楽部，1993年12月4日
13）「地域研究部会―討論者」，関東社会学会，駒沢大学，1995年6月11日，12日
14）「南北問題の地平―持続可能な開発と人口問題」，経済社会学会大会，亜細亜大学，2002年10月5日
15）「人類と地球の平和的な未来のために―人口・環境・エイズ・国際協力」，コーディネーター，パネリスト，広島県広島市「西区民文化センター」，10月6日
16）「人口問題の視点から見たアジア諸国における開発問題と国際貿易交渉」，全国農業協同組合中央会「協力のためのアジア農業者グループ（AFGC）第4回特別セミナー」における基調講演，全国都市センターホテル，2006年11月14日
17）「人口問題・少子高齢化問題を考える」講師，APDA-市立高崎経済大学の共催，高崎経済大学，2006年12月7日
18）「人口と食料を考える」講師，APDA-京都学園大学石田研究室の共催，京都学園大学，2008年12月4日

19）財団法人アジア農業組合振興機関主催，「アセアン地域農業協同組合ビジネス・ネットワーク構築」に関するセミナー，講師「アジアにおける農業組合ネットワークの必要性―人口と気候変動への適応の観点から」，2009年10月８日，八王子
20）「人口，環境と女性を考える」講師，APDA-島尻あい子事務所共催，沖縄市民会館，2009年11月14日
21）「先住民，気候変動と農村の貧困に関するアジア太平洋地域議員セミナー」講師，「気候変動とアジア太平洋地域の先住民の生活と経済に対するその影響―食料安全保障に焦点を当てて」，IFAD（国連農業開発基金），AFPPD（人口と開発に関するアジア議員フォーラム），PLCPD（フィリピン人口と開発に関する立法者委員会）共催，2010年３月25日，26日，フィリピン国，ケソン市
22）2012年会議のための準備パネル会合「高齢化社会の課題克服のための挑戦―高齢者疾病の防止と保健医療予算削減における栄養の役割を探る」パネルⅡ　高齢化社会の負担の増大：資金負担、社会的負担、雇用負担講師，日本，東京，2011年11月28日
23）「第30回人口と開発に関するアジア国会議員代表者会議および視察事業」ラップアップセッションにおけるリソースパーソン，Perspective of population policies under the various condition of demographic transudation，日本国，東京，衆議院議員会館，2014年11月28日
24）「世界人口増加と高齢化問題」、明治学院大学経済学部特別講座　CSR講座、明治学院大学　白金キャンパス、平成28年５月27日（金）
25）「知的財産と国際協力」、長崎県立大学「知的財産セミナー」、長崎県立大学シーボルト校、平成29年３月２日（木）
26）セッション２リソースパーソン「人口・環境・食料生産」、「SDGs達成に向けた人口と食料安全保障会議Ⅱ」，日本国東京，2017年４月17日
27）講師：Digital Multicountry Workshop on Innovations in Farmers' Cooperatives and Producers' Associations, 9-11 November 2021, Implementing Organizations: Japan Productivity Center and APO Secretariat

海外調査

１）「東南アジア諸国等人口・開発基礎調査―フィリピン国スラム調査―」（厚生省・国際厚生事業団委託），財）アジア人口・開発協会，1991年７月21日～８月３日
２）「アジア諸国の農村人口と農業開発に関する調査―スリランカ国―」（農林水産省委託），財）アジア人口・開発協会，1991年９月15～28日
３）「アジア諸国からの労働力流出に関する調査―中国―」（労働省・雇用促進事業団委託），財）アジア人口・開発協会，1991年10月６～19日
４）「アジア諸国からの労働力流出に関する調査―スリランカ国―」（労働省・雇用促進事業団委託），財）アジア人口・開発協会，1992年８月２～17日
５）「アジア諸国の農村人口と農業開発に関する調査―マレーシア国―」（農林水産省委

託），財）アジア人口・開発協会，1992年９月14～26日

6）「アジア諸国の人間資源開発と労働力に関する調査研究―フィリピン国―」（労働省・雇用促進事業団委託），財）アジア人口・開発協会，1993年７月25日～８月７日

7）「アジア諸国の農村人口と農業開発に関する調査―ベトナム国予備調査―」（農林水産省委託），財）アジア人口・開発協会，1993年９月２～８日

8）「アジア諸国の農村人口と農業開発に関する調査―ベトナム国―」（農林水産省委託），財）アジア人口・開発協会，1993年９月20日～10月２日

9）「アジア諸国の発展段階別農業・農村開発基礎調査―インド国予備調査―」（農林水産省委託），財）アジア人口・開発協会，1994年７月23～30日

10）「アジア諸国の人間資源開発と労働力に関する調査研究―ベトナム国―」，労働省・雇用促進団委託，財）アジア人口・開発協会，1994年８月10～23日

11）「アジア諸国の発展段階別農業・農村開発基礎調査―インド国―」（農林水産省委託），財）アジア人口・開発協会，1994年11月20日～12月４日

12）「アジア諸国の発展段階別農業・農村開発基礎調査―パキスタン国予備調査―」（農林水産省委託），財）アジア人口・開発協会，1995年７月３～９日

13）「アジア諸国の発展段階別農業・農村開発基礎調査―パキスタン国―」（農林水産省委託），財）アジア人口・開発協会，1995年９月11～24日

14）「アジア諸国の発展段階別農業・農村開発基礎調査―ラオス国予備調査―」（農林水産省委託），財）アジア人口・開発協会，1996年７月20～28日

15）「アジア諸国の発展段階別農業・農村開発基礎調査―ラオス国調査―」（農林水産省委託），財）アジア人口・開発協会，1996年９月１日～15日

16）「アジア諸国の発展段階別農業・農村開発基礎調査―ラオス国予備調査―」（農林水産省委託），財）アジア人口・開発協会，1997年７月20～28日

17）「アジア諸国の人間資源開発と労働力に関する調査研究―マレーシア国―」（労働省・雇用促進事業団委託），財）アジア人口・開発協会，1997年８月10～23日

18）「アジア諸国の発展段階別農業・農村開発基礎調査―ラオス国―」（農林水産省委託），財）アジア人口・開発協会，1997年９月４～23日

19）「アジア諸国の発展段階別農業・農村開発基礎調査―カンボジア国―」（農林水産省委託），財）アジア人口・開発協会，1998年８月15日～９月５日

20）「アジア諸国の職業安定制度と雇用政策に関わる調査研究―イラン・イスラム共和国―」（労働省・雇用促進事業団委託），財）アジア人口・開発協会，1998年10月19日～11月２日

21）「アジア諸国の発展段階別農業・農村開発基礎調査―モンゴル国予備調査―」（農林水産省委託），財）アジア人口・開発協会，1999年７月24～31日

22）「アジア諸国の発展段階別農業・農村開発基礎調査―モンゴル国現地調査―」（農林水産省委託），財）アジア人口・開発協会，1999年８月14～28日

23）「アジア諸国の職業安定制度と雇用政策に関わる調査研究―バングラデシュ国―」

（労働省・雇用・能力開発機構委託），財）アジア人口・開発協会，1999年9月5～14日

24)「アジア諸国の発展段階別農業・農村開発基礎調査―ミャンマー国予備調査―」（農林水産省委託），財）アジア人口・開発協会，2000年6月18～24日

25)「アジア諸国の発展段階別農業・農村開発基礎調査―ミャンマー国現地調査―」（農林水産省委託），財）アジア人口・開発協会，2000年7月30～8月13日

26)「アジア諸国の職業安定制度と雇用政策に関わる調査研究―カンボジア国―」（労働省・雇用・能力開発機構委託），財）アジア人口・開発協会，2000年9月10～23日

27)「人口問題を基礎とした農業・農村開発調査―カザフスタン国現地調査―」（農林水産省委託），財）アジア人口・開発協会，2001年7月25日～8月13日

28)「アジア諸国の職業安定制度と雇用政策に関わる調査研究―インド国―」（労働省・雇用・能力開発機構委託），財）アジア人口・開発協会，2001年9月9～9月23日

29)「人口問題を基礎とした農業・農村開発調査―ウズベキスタン国現地調査―」（農林水産省委託），財）アジア人口・開発協会，2002年7月23日～8月7日

30)「アジア諸国の職業安定制度と雇用政策に関わる調査研究―ベトナム国―」（労働省・雇用・能力開発機構委託），財）アジア人口・開発協会，2002年8月18～8月31日

31)「人口問題を基礎とした農業・農村開発調査―パキスタン国現地調査―」（農林水産省委託），財）アジア人口・開発協会，2003年7月20日～8月3日

32)「アジア諸国の雇用政策と国際的な労働力移動に関する調査研究―ミャンマー国―」（労働省・雇用・能力開発機構委託），財）アジア人口・開発協会，2003年10月26日～11月8日

33)「人口問題を基礎とした農業・農村開発調査―インド国現地調査―」（農林水産省委託），財）アジア人口・開発協会，2004年8月1日～8月14日

34)「情報サービス業における国際分業と労働力需給に関する調査研究―中国現地調査―」（労働省・雇用・能力開発機構委託），財）アジア人口・開発協会，2004年8月25日～9月3日

35)「人口問題が農業・農村に与える影響に関する調査―ベトナム国現地調査―」（農林水産省委託），財）アジア人口・開発協会，2005年12月18日～12月31日

36)「日本企業における中国人高度技能労働者の日本への移動に関する調査研究―中国現地調査―」（労働省・雇用・能力開発機構委託），財）アジア人口・開発協会，2006年2月6日～2月15日

人口と開発に関する国際会議およびその他

1)「第8回人口と開発に関するアジア国会議員代表者会議」，ホテル・ニューオータニ，東京，1992年2月25～26日

2)「第9回人口と開発に関するアジア国会議員代表者会議」，タイ・ホー・ホテル，ハノイ，ベトナム，1993年2月25～26日

3)「人口と開発に関するアジア国会議員フォーラム第4回大会」，イスタナ・ホテル，クアラルンプール，マレーシア，1993年10月26～28日
4)「第10回人口と開発に関するアジア国会議員代表者会議」メディア・ホテル，北京，中国，1994年3月3～4日
5)「国際人口・開発会議（ICPD）最終準備会議―プレップコムⅢ―国際連合本部」ニューヨーク，USA，1994年4月4～5日
6)「国際人口・開発議員会議（ICPPD）発起会議―国連人口基金本部」ニューヨーク，USA，1994年4月6日
7)「国際人口・開発議員会議（ICPPD）準備委員会―準備，エジプト人口・家族福祉省」，カイロ，エジプト，1994年6月25～26日
8)「国際人口・開発議員会議（ICPPD）準備委員会―エジプト人口・家族福祉省」，カイロ，エジプト，（国際人口・開発議員会議運営委員会議長補佐として参加），1994年7月10日
9)「国際人口・開発議員会議（ICPPD）」，カイロ，エジプト，（国際人口・開発議員会議事務総長補佐，「人口と開発に関するカイロ宣言」起草スタッフ），1994年9月3～4日
10)「国際人口・開発会議（ICPD）」，カイロ，エジプト，（政府代表団），1994年9月5～13日
11)「国際環境・開発アジア国会議員会議」，シャーアラーム，マレーシア，1994年11月8～9日
12)「国際人口・社会開発議員会議（IMPPSD）準備委員会―デンマーク国会」，コペンハーゲン，デンマーク，（国際人口・社会開発議員会議運営委員会議長特別補佐として参加），1995年1月16日
13)「国際人口・社会開発議員会議（IMPPSD）―デンマーク国会」，コペンハーゲン，デンマーク，（国際人口・社会開発議員会議議長補佐として参加），1995年3月3～4日
14)「第11回人口と開発に関するアジア国会議員代表者会議―ホテル・ニューオータニ」，東京，日本，1995年3月14～15日
15)「リプロダクティブ・ヘルスと女性に地位に関するインドシナ女性国会議員会議」，ホーチーミン市，ベトナム，1995年6月25～26日
16)「人口と開発に関するアジア議員フォーラム女性委員会会議」，マニラ，フィリピン，1995年7月14～15日
17)「国際女性・人口・開発議員会議（IMPGPD）」，ホテル・ニューオータニ，東京，（東京宣言・日本側文書担当），1995年8月31日・9月1日
18)「第12回人口と開発に関するアジア国会議員代表者会議」，マニラ，フィリピン（マニラ決議原案提出・文書委員），1996年2月12～13日
19)「食糧安全保障と人口に関するAFPPD特別運営委員会」，クアラルンプール，マレ

ーシア，(食糧安全保障と人口に関するAFPPD宣言原案提出・文書委員)，1996年5月1～2日

20)「第23回食糧農業機構（FAO）アジア・太平洋地域総会」，アピア，西サモア，1996年5月16～17日

21)「人口と開発に関するアジア国会議員フォーラム第5回大会」，キャンベラ，オーストラリア，1996年9月25～27日

22)「国際食料安全保障・人口・開発議員会議（IMPFSPD)」(文書委員，日本側文書担当)，ジュネーブ，スイス，1996年11月10～11日

23)「FAO世界食料サミット」(政府代表団)，ローマ，イタリア，1996年11月13～17日

24)「第13回人口と開発に関するアジア国会議員代表者会議」，神戸，日本，1997年3月17～18日

25)「人口と開発に関するアフリカ・アラブ国会議員フォーラム設立総会」，ケープタウン，南アフリカ，1997年5月1～4日

26)「パキスタン人口・開発議員グループの設立と活動協議のためパキスタン訪問」，イスラマバード，パキスタン，1997年6月24～27日

27)「第14回人口と開発に関するアジア国会議員代表者会議」，ニューデリー・インド，1998年4月4～5日

28)「ICPD＋5国会議員評価会議第1回運営委員会」参加。オランダ国ハーグ，1998年4月4～5日

29)「AFPPD運営委員会」，東京，1998年12月19日

30)「ICPD＋5評価国会議員会議第2回運営委員会」，東京，1998年12月20～21日

31)「ICPD＋5評価のための国会議員会議：IFP」および「ICPD＋5評価国際フォーラム」，オランダ国，ハーグ，1999年2月4～6日、会議事務総長補佐

32)「国連人口特別総会最終準備会議」参加。アメリカ合衆国，ニューヨーク市，1999年3月22～27日

33)「第15回人口と開発に関するアジア国会議員代表者会議」，ソウル，大韓民国，1999年4月18～19日

34)「CIS諸国ならびに極東アジア人口・開発議員フォーラム（AFPPD地域セミナー)」(ウランバートル宣言原案作成)，モンゴル国会，ウランバートル，1999年8月1～3日

35)「人口と開発に関するアジア国会議員フォーラム第6回大会」，新潟，日本，1999年10月4～6日

36)「ヨーロッパ・カウンスル移民・難民・人口委員会―人口学的変化と持続可能な開発国際国会議員会議―」，オブザーバー参加，ブカレスト，ルーマニア，1999年10月21～22日

37)「第16回人口と開発に関するアジア国会議員代表者会議」，バンコク，タイ，2000年3月18～20日

38)「第27回AFPPD運営委員会」バンコク，2000年3月19日
39)「リプロダクティブ・ヘルスと持続可能な開発に関するインドシナ国会議員セミナー」，プノンペン，カンボジア，2000年12月7日～8日
40)「第28回AFPPD運営委員会」，バンコク，2000年12月9日
41)「第29回AFPPD運営委員会」，ニュージーランド・オークランド，2001年5月3日
42)「第17回人口と開発に関するアジア国会議員代表者会議」，ニュージーランド・オークランド，2001年5月4～5日
43)「第30回AFPPD運営委員会」東京，ニューオータニ，2001年11月28日
44)「開発協力とパートナーシップに関するアフリカ-アジア国会議員会議」，東京，ニューオータニ，2001年11月29日～30日
45)「ICPD行動計画実施に関する国際議員会議事務局会合」，アメリカ合衆国，ニューヨーク市，2001年12月10日
46)「第30回AFPPD運営委員会」，日本国，東京，2002年3月27日
47)「第18回人口と開発に関するアジア国会議員代表者会議」，日本国，東京，2002年3月27～28日
48)「財団法人アジア人口・開発協会設立20周年記念公開フォーラム」，日本国，東京，2002年3月26日
49)「財団法人アジア人口・開発協会設立20周年記念式典」，日本国，東京，2002年3月26日
50)「ICPD行動計画実施に関する国際議員会議運営委員会」，アメリカ合衆国，ニューヨーク市，2002年4月6日
51)「AFPPD-CIS地域会議」，カザフスタン国，アルマティ市，2002年5月5～6日
52)「AFPPD運営委員会」，中国，北京市，2002年10月17日
53)「第7回人口と開発に関するアジア議員フォーラム大会」，中国，北京市，2002年10月17～18日
54)「AFPPD運営委員会」，中国，北京市，2002年10月18日
55)「ICPD行動計画実施に関する国際議員会議」（オタワ・コミットメント原案作成），カナダ，オタワ市，2002年11月21～22日
56)「AFPPD食料安全保障常任委員会会議」（バンコク宣言原案作成），タイ国，バンコク市，2003年2月7～8日
57)「第19回人口と開発に関するアジア国会議員代表者会議」準備のためベトナム国へ渡航。ベトナム国，ハノイ市，ホーチーミン市，2003年2月8日～13日
58)「AFPPD運営委員会」，インド，ニューデリー，2003年8月2日
59)「南アジアのHIV/AIDSに関する国会議員会議」，インド，ニューデリー，2003年8月2日
60)「第19回人口と開発に関するアジア国会議員代表者会議」，ベトナム国，ホーチーミン市，2003年12月14日～15日（ホーチーミン市宣言原案作成）

61)「AFPPD運営委員会」，ベトナム，ホーチーミン市，2003年12月14日
62)「FAO-SEARCA会議―アジアの食料不安定供給と飢餓の削減に関する地域会議」，タイ，チャアム，2004年3月25～26日
63)「第20回人口と開発に関するアジア国会議員代表者会議」準備のためカザフスタン国，ウズベキスタン国へ渡航。カザフスタン国，アルマティ市，アスタナ市，ウズベキスタン国，タシケント市，2004年7月5日～9日
64)「AFPPD運営委員会」，マレーシア，クアラルンプール，2004年7月20日
65)「第20回人口と開発に関するアジア国会議員代表者会議」開催のためにカザフスタン国へ渡航。カザフスタン国，アルマティ市，2004年9月24日～10月3日
66)「ICPD行動計画実施に関する国際議員会議」(起草委員長補佐)，フランス，ストラスブール市，2004年10月18～19日
67)「第21回人口と開発に関するアジア国会議員代表者会議」準備のためカンボジア国へ渡航。カンボジア国，プノンペン市，2005年3月15日～19日
68)「第55回AFPPD運営委員会」，カンボジア国，プノンペン市，2005年4月28日
69)「第21回人口と開発に関するアジア国会議員代表者会議」のためカンボジア国へ渡航。カンボジア国，プノンペン市，2005年4月26日～5月1日
70)「スマトラ沖大地震・津波被害における緊急支援視察と人口・開発問題に関する議員活動活性化プログラム」のためタイ・プーケット・バンコク，マレーシア・クアラルンプール，インドネシア・メダン・バンダアチェ・ジャカルタ，2005年5月1日～8日
71)「国際人口開発会議行動計画実施のための国際議員会議（IPCI）運営委員会」日本，東京，2005年11月18日（議長補佐）
72)「スマトラ沖大地震・津波被害における緊急支援視察と人口・開発問題に関する議員活動活性化プログラム」のためインド・タミルナドゥ，スリランカ，モルディブ，2005年11月4日～13日
73)「第22回人口と開発に関するアジア国会議員代表者会議」準備のためインド国へ渡航。インド国，ニューデリー市，2006年3月12日～15日
74)「第22回人口と開発に関するアジア国会議員代表者会議」開催のためインド国へ渡航。インド国，ニューデリー市，2006年4月22日～23日
75)「インド国人口・開発事情視察」インド国，ニューデリー市，ラジャスタン州ウダイプール，2006年4月25日～23日28日
76)「第4回アジア太平洋女性大臣・議員会議」ニュージーランド国，ウエリントン，2006年6月9日～13日
77)「リプロダクティブ・ヘルスおよび地域の相互扶助能力の向上を通じた持続可能な災害管理と復興に関する国会議員会議」，東京，2006年9月19日
78)「リプロダクティブ・ヘルスおよび地域の相互扶助能力の向上を通じた持続可能な災害管理と復興に関する国会議員視察プログラム」，東京・新潟，2006年9月20～23日

79)「人口問題の視点から見たアジア諸国における開発問題と国際貿易交渉」，全国農業協同組合中央会「協力のためのアジア農業者グループ（AFGC）第4回特別セミナー」における基調講演，全国都市センターホテル，2006年11月14日
80)「第3回国際人口開発会議（ICPD）行動計画実施のための国際国会議員会議（IPCI/ICPD）」，福田康夫（衆・自）AFPPD議長補佐として全体会議の補佐を務める，バンコク・タイ，2006年11月21～22日
81)「AFPPD運営委員会」，バンコク・タイ，2007年2月23日
82)「第23回人口と開発に関するアジア国会議員代表者会議」開催，東京，2007年2月22～23日
83)「APDA設立25周年レセプション」を開催，東京，2007年2月22日
84)「AFPPD運営委員会」，東京，2007年2月23日
85)「パキスタン国アザド・ジャンムー・カシミール州およびパンジャブ州でパキスタン国人口・開発事情視察事業」を実施，2007年4月30～5月5日
86)「HIV/エイズ予防と保健対策の経済的効果に関するG8国会議員会議」参加。福田康夫JPFP会長挨拶代読，ドイツ国会，ベルリン，ドイツ共和国，2007年5月30～31日
87)「TICAD ⅣとG8サミットに向けた，持続可能な開発のための人口・保健・地域相互扶助能力構築に関するアフリカ・アジア国会議員対話プログラム―会議―」，東京，2007年8月28日・29日
88)「TICAD ⅣとG8サミットに向けた，持続可能な開発のための人口・保健・地域相互扶助能力構築に関するアフリカ・アジア国会議員対話プログラム―視察―」，東京・群馬，2007年8月30日～9月1日
89)「アジア太平洋リプロダクティブ・ヘルス・セクシャルヘルス会議」参加。ハイデラバード，国際会議場（HICC），ハイデラバード，インド，2007年10月26日～11月2日
90)「第5回アジア太平洋女性大臣・議員会議」中国，北京，2007年11月27日～28日
91)「AFPPD運営委員会」，中国，北京，2007年11月27日
92)「第24回人口と開発に関するアジア国会議員代表者会議」準備のため渡航，マレーシア，クアラルンプール，2008年2月18～22日
93)「第24回人口と開発に関するアジア国会議員代表者会議」開催，マレーシア，クアラルンプール，2008年4月28～29日
94)「AFPPD運営委員会」，マレーシア，クアラルンプール，2008年4月29日
95)「マレーシア国サバ州およびペラ州でマレーシア国の環境保全と人口問題について視察事業」を実施，2008年5月2～7日
96)「人口と持続可能な開発に関するG8国際国会議員会議」を主催，日本，東京，2008年2～3日
97)「AFPPD女性大臣・国会議員会議」モンゴル，ウランバートル，2008年9月23～24日
98)「国際人口開発会議行動計画実施のための国際国会議員会議（ICPD-IPCI）2009年

準備会議」チュニジア国，チュニス，2008年11月14～15日

99)「AFPPD運営委員会」，ベトナム，ハノイ，2008年12月13日

100)「第9回人口と開発に関するアジア議員フォーラム大会」，ベトナム，ハノイ，2008年12月13～14日

101)「AFPPD運営委員会」，ベトナム，ハノイ，2008年12月14日

102)「第25回人口と開発に関するアジア国会議員代表者会議」開催，インドネシア，ジャカルタ，2009年5月2～3日

103)「AFPPD運営委員会」，インドネシア，ジャカルタ，2009年5月3日

104)「インドネシア国西ジャワ州でインドネシア国の人口・環境問題について視察事業」を実施，2009年5月4～7日

105)「G8国会議員会議―危機の時代における戦略的投資―女性の健康を優先することがもたらす成果」，イタリア，ローマ，2009年6月22～23日

106)「人口・開発分野ODA実施における説明責任の向上に向けた国会議員能力構築プロジェクト」実施，日本，東京，2009年7月7日～10日

107)「アセアン地域農業協同組合ビジネス・ネットワーク構築」に関するセミナー，財団法人アジア農業組合振興機関主催，講師「アジアにおける農業組合ネットワークの必要性―人口と気候変動への適応の観点から」，2009年10月8日，八王子

108)「第4回国際人口開発会議（ICPD）行動計画実施のための国際国会議員会議（IPCI/ICPD）」，アディス・アベバ，エチオピア，2009年10月27～28日

109)「ラファエル・M.サラス・レクチャー」福田康夫元総理大臣の随行として参加。アメリカ合衆国，ニューヨーク市，国連本部，2009年11月23日

110)「アセアン地域農業協同組合ビジネス・ネットワーク構築」に関するセミナー，講師，「アジアにおける農業組合ネットワークの必要性―人口と気候変動への適応の観点から」，財団法人アジア農業組合振興機関（IDACA）主催，2009年10月8日，八王子

111)「先住民，気候変動と農村の貧困に関するアジア太平洋地域議員セミナー」講師，「気候変動とアジア太平洋地域の先住民の生活と経済に対するその影響―食料安全保障に焦点を当てて」，IFAD（国連農業開発基金），AFPPD（人口と開発に関するアジア議員フォーラム），PLCPD（フィリピン人口と開発に関する立法者委員会）共催，2010年3月25日，26日，フィリピン国，ケソン市

112)「AFPPD運営委員会」，ラオス人民民主共和国，ビエンチャン，2010年4月25日

113)「第26回人口と開発に関するアジア国会議員代表者会議」開催，ラオス人民民主共和国，ビエンチャン，2010年4月25～26日

114)「ラオス中部カムアン県で視察事業」実施，ナムトゥン2水力発電プロジェクトに伴う移動耕作移民の定住状況他，2010年4月26～28日

115)「国連人口賞授賞式」，福田康夫AFPPD議長に随行。アメリカ合衆国，ニューヨーク市，国連本部，2010年6月3日

116)「人口・開発分野ODA実施における説明責任の向上に向けた国会議員能力構築プロジェクト　パートⅡ」実施，日本，東京，2010年９月13日～16日
117)「AFPPD運営委員会」，スリランカ社会民主主義共和国，マウント・ラビニア，2011年７月17日
118)「第27回人口と開発に関するアジア国会議員代表者会議」開催，スリランカ社会民主主義共和国，マウント・ラビニア，2011年７月18～19日
119)「スリランカ人口・開発事情視察」を実施，南部ハイウェイ，アッパー・コトマレ水力発電所，アヌラダプラ拠点病院，キリノチチ避難民キャンプ，バウニヤ地域病院などを視察
120)「人口・開発分野ODA実施における説明責任の向上に向けた国会議員能力構築プロジェクト　パートⅢ」実施，日本，東京，2011年10月25日～27日
121)「高齢化社会の課題克服のための挑戦―高齢者疾病の防止と保健医療予算削減における栄養の役割を探る」共催，日本，東京，2011年11月28日
122) 2012年会議のための準備パネル会合「高齢化社会の課題克服のための挑戦―高齢者疾病の防止と保健医療予算削減における栄養の役割を探る」共催，日本，東京，2012年６月30日，セッション３「高齢化社会の負担の増大：資金担、社会的負担、雇用負担」，田中平三東京医科歯科大学名誉教授とともにセッション議長
123)「第28回人口と開発に関するアジア国会議員代表者会議」開催，東京，2012年10月２～３日
124)「APDA設立30周年レセプション」開催，日本，東京，2012年10月４日
125)「第29回人口と開発に関するアジア国会議員代表者会議」開催，フィリピン，マニラ，2013年８月27～28日
126)「AFPPD運営委員会」，フィリピン国，マニラ，2013年10月18日
127)「人口と高齢化に関する国際国会議員会議（IPCA）および視察事業」実施，日本国・東京，2013年11月18日～19日
128)「国家開発枠組と人口問題の統合―アジア・アフリカ国会議員能力強化プロジェクト―PartⅡ」実施，ウガンダ国，カンパラ，ホテル・レイクヴィクトリア・セレナリゾート，2014年２月10日～14日
129)「国家開発枠組と人口問題の統合―アジア・アフリカ国会議員能力強化プロジェクト―PartⅢ」実施，ザンビア国，ルサカ，ラディソン・ブル・ホテル2014年９月24日～27日
130)「第30回人口と開発に関するアジア国会議員代表者会議および視察事業」実施，日本国、東京，衆議院議員会館国際会議室，2014年11月27～28日実施
131)「人口高齢化と日本の社会保障に関するアジア諸国からの視察受け入れ事業」実施，日本国東京及び長野県，2015年７月28～31日
132)「人口問題とポスト2015年開発アジェンダの連携における国会議員の役割の向上」会議・視察事業実施，ケニア国ナイロビ，2015年10月１～３日，ケニア国会と共催

133）「第11回AFPPD総会」参加，タイ国バンコク，2015年10月10～11日
134）「TICAD Ⅵに向けた日本―アフリカ国会議員対話」実施，日本国東京，2016年２月４～５日
135）「2016年G７伊勢志摩サミットに向けた世界人口開発議員会議（GCPPD2016）」実施，日本国東京，2016年４月26～27日
136）「人口問題と持続可能な開発のための2030アジェンダとの連携における国会議員の役割の向上―PartⅠ」実施，エチオピア国アディス・アベバ，ヒルトンホテル・アディス・アベバ，2016年８月10～13日
137）「人口高齢化とアジアの社会保障に関する会議・視察事業（マレーシア国）」，マレーシア国クアラルンプール，2016年10月10～13日
138）「SDGs達成に向けた人口と食料安全保障キックオフ会合」，日本国東京，2016年10月24日，シンジェンタと共催
139）「SDGs達成に向けた人口と食料安全保障会議Ⅱ」，日本国東京，2017年４月17日
140）「人口問題と持続可能な開発のための2030アジェンダ―ユースバルジから人口ボーナスへ」，ヨルダン・ハシミテ王国，アンマン，2017年７月18～20日，ヨルダン上院と共催
141）「人口問題と持続可能な開発のための2030アジェンダとの連携における国会議員の役割の向上―PartⅢ」，インド国ニューデリー，2017年９月13～16日
142）「高齢化に関するグローバルシンポジウム：APDA国会議員セッション，大韓民国・ソウル，2017年10月23～24日
143）「SDGs達成に向けたアジア国会議員会議・視察―高齢化・少子化・若者に焦点を当てて」，モンゴル・ウランバートル，2018年６月12～13日
144）「2030アジェンダ達成における第４の柱としての国会議員活動：人口，食料安全保障，SRHとTAGG」，ガーナ・アクラ，2018年８月８～10日
145）「アラブ―アジア議員人口・開発会議・視察：人口ボーナスと若者への投資―PartⅡ」，バハレーン国マナーマ，2018年10月２～３日
146）「「青少年への投資」国際国会議員・大臣会議」，カザフスタン国アスタナ，2018年10月19～20日
147）「SDGs達成に向けた人口と食料安全保障会議Ⅲ」，日本国東京，2018年11月６日
148）「女性と女児に対する暴力抑止に関するアジア太平洋地域国会議員会議」，ラオス国ビエンチャン市，2019年７月４～５日
149）「ICPD＋25に向けたアフリカ―アジア人口・開発議員会議・視察事業」タンザニア国ダルエスサラーム・ザンジバル，2019年８月５～８日
150）「ICPD＋25に向けたアラブ―アジア人口・開発議員会議・視察事業」，モロッコ王国カサブランカ，2019年９月19～20日
151）「G20岡山保健大臣会合開催記念公開セミナー“SDGsと健康寿命”」2019年10月17日（木）岡山大学　Ｊホールで実施

152)「第31回アジア人口・開発議員会議―ICPD25：ICPD残された課題解決に向けて―」，マレーシア国・クアラルンプール，2019年10月23〜24日
153)「ICPD＋25」，2019年11月12〜15日，ケニア国・ナイロビ
等

【著者略歴】

楠本　修（くすもと　おさむ）

1962年生まれ

1984年　玉川大学文学部理財専攻卒業

1989年　日本大学大学院文学研究科社会学専攻博士後期課程満期退学。黒田俊夫（人口学者：日本大学人口研究所名誉所長・国連人口賞受賞）から人口学を学ぶ。

2006年　『アジアにおける人口転換―11か国の比較研究』で博士号。博士（国際学）明治学院大学乙2号　主査：竹内啓・東京大学名誉教授

職　歴

1990年　財団法人アジア人口・開発協会（APDA）研究員
人口と開発に関する議員活動の事務局として、アジア15か国で36回にわたって人口と持続可能な開発に関する政府開発調査を実施。さらに、153回にわたって国会議員会議の起案・運営、ネットワーキングに従事。特筆すべき内容としては1994年の国際人口開発会議（ICPD）に先駆けて実施した国際人口開発議員会議（ICPPD）運営委員長補佐、会議事務総長補佐として宣言文の起草を行う。ICPD行動計画の「前文」と「原則」色濃く反映された。その後も、1995年の世界社会開発サミット（WSSD）、1996年FAO世界食糧サミット（WFS）、などに合わせて国際国会議員会議の運営を担った。

2022年　公益財団法人アジア人口・開発協会（APDA）常務理事・事務局長を退任

現　職

日本大学文理学部講師
持続可能な開発に関するグローバルアドバイザーズ（GAfSD）代表
一般社団法人未来構想会議（FFV）事務局長
特定非営利活動法人ジョンズホプキンス大学ccpフォーラム副理事長

人口問題と人類の課題

SDGsを超えて

2022年11月25日　第1版第1刷　　**定　価**＝2500円＋税

著　者　楠　本　　修　©
発行人　相　良　景　行
発行所　㈲　時　潮　社

〒174-0063　東京都板橋区前野町4-62-15
電　　話　03-5915-9046
F　A　X　03-5970-4030
郵便振替　00190-7-741179 時潮社
U　R　L　http://www.jichosha.jp

印刷・相良整版印刷　製本・武蔵製本

ISBN978-4-7888-0760-0